幕末明治 鬼才列伝

出久根達郎

草思社文庫

I

無私の超人、二宮金次郎

『大学』

今に始まったことではないが、地方の町は疲弊して、元気がない。「シャッター通り」と呼ばれる商店街を見ると、涙が出る。なんとかならないのだろうか。こういう事態の救世主は、いないか。いれば、その人の本を読んでみたい。

いつぞや、藤沢周平氏の故郷を訪ねた。山形県鶴岡市である。氏が二年ほど教師を勤めた、湯田川中学校に足を伸ばした。藤沢文学碑の近くに、二宮金次郎像が建っていた。なつかしや、あの、薪《まき》を背負って本を読みながら歩いている少年像である。昔はどこの小中学校にもあった。台石に、昭和十六年建立と刻まれている。八年後に勤務した藤沢先生も、当然、毎日目にしていたろう。そうだ、二宮金次郎だ。二宮尊徳こそ、今の世に必要な偉人ではあるまいか。節倹、積善、殖産、実践主義。何より六百余の町興し、村興しを成功させた。尊徳先生こそ、地方再生の先達《せんだつ》ではあるまいか。

とはいえ、私は先生のことをよく知らない。知友に聞いても、以上の概略しかご存じない。二宮尊徳の本を開いてみよう。何か良いヒントを得るに違いない。

ところで、薪を負い熱心に、少年金次郎が読んでいた本は、一体、何の本か。これが調べると、儒教の書『大学』である。小中学校の庭に、『大学』。思わず笑ってしまった。

ワラジ作り

二宮金次郎は何をした人であるか。

「えーと、柴《しば》を刈り縄をないワラジを作った人じゃないですか。そんな歌がありますよね」

「ワラジって、柴から作るものなんですか？」

「ワラジって何ですか？」「柴って何のこと？」

それぞれ世代の異なる人たちの発言である。

文部省唱歌に、「二宮金次郎」がある。大正以降に生まれた小学生たちが、学校で習った。それが、「柴刈り縄ない草鞋《わらじ》をつくり」の歌である。歌詞は、こう続く。「親の手を助《す》け弟《おとと》を世話し、兄弟仲よく孝行つくす、手本は二宮金次郎」

二番は、仕事に励むかたわら、手習いや読書に余念がない、手本は金次郎である。

三番は家業大事に節約し、物を大切に使い、「遂《つい》には身を立て人をもすくう、手本は二宮金次郎」（『尋常小学唱歌2』明治四十四年）。出世し、人を救った偉人であるという。

明治の子どもたちも、これとは違う金次郎の唱歌を習った。こちらは「二宮尊徳」といい、「あしたに起きて、山に柴刈り」と歌う。

借金返済方法

「二宮尊徳」の唱歌は、明治三十五年九月の『幼年唱歌　4の下』に出ている。桑田《くわだ》春風《しゅんぷう》作詞、田村虎蔵《とらぞう》作曲である。歌詞の一番は、柴を刈りワラジを作り、歩きながらも本を離さない、いじらしいこの子は誰か、とのちの唱歌「二宮金次郎」と変わらないが、二番目の歌詞で、金次郎が何をした人であるか、はっきり伝えているところが異なる。こうである。

「勤倹力行《りょくこう》、農理をさとり、世に報徳の、教《おしえ》をつたえ、荒地拓《ひら》きて、民《たみ》を救いし、功績《いさお》のあとぞ、二の宮神社」

報徳とは報恩のこと、恩返しである。報徳の教とは、金次郎の教えで、道徳と経済をあわせて説いている。報徳教という。家庭の幸福が、万人の平和と繁栄につながるというのが、金次郎の理念であった。幸福は勤勉と質素によって得られる、と説く。理屈でなく、俗な例を示して説くのが特徴であった。

たとえば、こうである。

借財に苦しむ人に、金次郎は言う。借金とシラミは隠せば隠すほど増えるもの、紙に借金の額を大書し、それを神棚に貼りなさい。そして朝夕、返済を祈ればよろしい。

酒と看病

戦前に学校教育を受けたかたで、二宮金次郎を知らない人はいない。小学校の教科書に出ていたからである。どんな風に紹介されていたのだろう?

まず、明治三十四年発行の、高等小学校(旧制で尋常小学校に接続、高等科である)用の『修身教本』巻一に、「孝行」の項目で、「二宮尊徳先生は、幼名を金次郎といひ、相模《さがみ》の国の人なりき」と書き出されている。相模は今の神奈川県である。

金次郎の幼い時、大水のため田畑を押し流されてしまう。両親を助けて手入れをしていたが、父が病に倒れる。金次郎は日夜、父の看病に心を尽くした。

暇がある時はワラジを作り、金に換え、「毎夜、父の好める酒を買い来《きた》りて、これを父にすすめ、その喜ばるるを見て、限りなき楽《たのしみ》とせられたりき」。

なんと、薬でなく酒を買って勧めた、というのである。

「かかるてあつき看病のかひもなく、先生が十四歳のとき」父は亡くなる。手厚き看病とは酒のことらしい。酒を買うのが孝行、ねえ。

百薬の長

少年二宮金次郎が、病気の父に酒を勧めたのは、父の大好物だったからだが、「百薬の長」という認識もあったらしい。後年、門人たちに、保養のための適量の飲酒はさしつかえない、と説いている。

父の血をひいて金次郎も酒を好んだようである。しかし多くは飲まず、せいぜい二合くらいで切り上げた。ふた口か三口で干した、というから豪快な飲みっぷりである。決して乱れなかった。

ある日、壮年の金次郎に来客があった。故郷の造り酒屋主人である。金次郎が昔、敬愛していた老人の消息を聞いた。酒屋主人の話では、老人宅は家計きびしく、晩酌もままならぬ、老人は楽しみがなくぐちっている、とのことである。

金次郎は大いに同情し、酒屋の主人に金を預け、これで毎月一、十一、二十一日の三度、老人に酒一升届けてくれと頼んだ。横着して一度に二升贈るなよ、と釘《くぎ》を刺した。金次郎の妻が、一日二合にしてあげたら、と口を挟んだ。金次郎が答えた。いや、少し飲めばこそ百薬の長なのだ、と。

あぶらな

大正八年、文部省発行の『尋常小学修身書』巻三に、二宮金次郎が登場する。昔の小学生は三年生で初めて、金次郎のことを教えられた。父が亡くなり、二年後、母を失う。二人の弟は母の実家に引き取られ、金次郎は伯父の万兵衛の世話になる。一日みっちりと働いて、夜になると本を読んだ。伯父は「あぶらがいるのをきらつて夜学をとめましたので、金次郎はじぶんであぶらなをつくり、そのたねを町へ持つて行つてあぶらに取りかへ、毎ばんべんきやうしました」。

現代人には何のことか意味不明だろう。灯油のことである。高等科用の『修身教本』は、この部分をより詳しくわかりやすく記述している。すなわち、伯父の言う、お前を養うには多くの費用を要するのに、感謝するどころか灯油をムダに使う。夜は寝なさい。金次郎はどうしたか。「あれはてたる土地をひらきて、あぶら菜の苗をうえつけ、わづかに七八升の種子を得て、これを灯油に代」え、本を読んだ、と。自ら「あぶらなをつくり」とは、こういう事だった。

牛のあゆみ

明治三十四年発行の『修身教本』巻一のおよそ三分の一は、「二宮尊徳先生」伝で占められている。

伯父の万兵衛宅に住み込んで働いていた金次郎は、大水のため荒らされ、その後、耕されず打ち捨てられてある田畑に目をつけた。

灯油代を得るため、油菜の苗を植えたのもこういう畑だが、金次郎は休日ごとに、せっせと起こした。

そして、捨てられた稲の苗を拾い集めて、田に植えつけ、水をやり、草をとり、肥料を施した。秋には一俵あまりの米を収穫した。そこで翌年は、更にはりきった。数年後には、ついに貯《たくわ》えができるほどになった。

金次郎は万兵衛に養育を感謝し、生家に戻った。二十歳の時である。あばらやを修理し、二人の弟を迎えた。昼は田畑を耕し、夜は縄をないワラジを作り、「倹約して、費《ついえ》をはぶき、つひに、父祖の時の富をとりかへされたり」。

これ全く「先生の、忍耐と勤勉の力なり」。次の歌が掲げられている。「怠らず行かば千里《せんり》のはても見ん、牛の歩みのよし遅くとも」

三つの約束

極貧に生まれた金次郎が、身を粉《こ》にして働き、無一物からついに家を再興した話は、美談として評判になった。

金次郎が更に世に知られるようになるのは、小田原藩の家老、服部十郎兵衛《はっとりじゅうろべえ》の家を立て直した功による。服部家は千三百石の家柄だが、積もり積もった借金が千両余もあり、にっちもさっちもいかなくなっていた。

ある人が金次郎を起用したらどうか、と勧めた。十郎兵衛が承知し、家政の切り盛りをゆだねた、というのだが、武家が二十代の農人に内情を見せたのだから、よほど弱っていたのだろう。貧困のために家老職を投げだすつもりだったという。金次郎は身分違いを理由に、固辞した。自分には武士の生活がわからない、と断ったのである。再三再四、懇願された末に、ようやく引き受けた。五年で再建する、と約束した。そのかわり自分の命《めい》に従ってほしい。これが条件です。十郎兵衛が承諾した。

さし当たって食事は飯と汁のみ、着物は綿に限り、無用の事を好まぬこと。この三つを守って下さい、と。

三百両

五年でお家を再建する、と服部に約束した金次郎が、次にとった行動は、お手伝いさんたちを集めて、これからは自分が家事の切り盛りをする、服部家を立て直すためだ、私の言いつけに従いたくない者はやめてほしい、と頼んだ。やめる者はいなかった。

金次郎は無用の雑費を省き、金の貸しぬしを呼び、実情を細かに説明して返済の猶《ゆう》予《よ》を乞《こ》うた。そして服部家に住み込んで、自らお手伝いさんをこなし、主人外出の際は、若党《わかとう》として供を務めた。若党を雇うと金がいるからである。

五年後、千両余の借金はきれいに片づいた。なお、三百両の金が余った。金次郎は主人夫婦に、この金は私の命を聞いて下さったたまものです、と謝した。

百両は非常用に備えてほしい、また百両は主人が志す所に用いて下さい、と言い、残り百両は奥様の内助のごほうびにさしあげていただきたい、と頼んだ。夫婦は感涙し、せめてのお礼、と百両を金次郎に差しだした。金次郎は固辞したが、今度は夫婦が譲らない。そこでありがたくちょうだいした。しかしその礼金は、お手伝いさんたちに分配し、自分は一銭も取らなかった。

村興し

金次郎が服部家を再興した話は、小田原藩主、大久保忠真《ただざね》の耳に達した。忠真は二宮を登用しようと考えた。しかし何分にも身分制度の厳格な時代である。賢人といえども農民であり、家臣らが服従しないだろう。ならば二宮に何か功績を立てさせよう。その上で家臣たちを説得しよう。

そう考えた忠真は、分家の宇津《うつ》の領地、下野国《しもつけ》（栃木県）桜町の復興を依頼した。四千石の領地は、荒れ果てて現在は三分の一以下の実高である。宇津氏は本家に居《い》候《そうろう》しているありさま、有能な者を派遣し、何度か村興しを図ってきたが、うまくいかない。

二宮は、辞退した。自分の才能は一家を興すにとどまる。とても村までは。

忠真は引き下がらなかった。礼を厚くし言を尽くして頼むことをやまず、「三年に及べり」とある。二宮は忠真の仁慈に感銘した。下見をした上で、再生できるか否かを熟慮し、正式にご返事したい、と使者に伝えた。忠真は了解した。その結果、二宮は「十カ年任せおき」の条件で引き受けた。十年間は一切、口を出さず、二宮の宰領《さいりょう》に任せる、という意味である。十年後に好結果を得なかったら、全責任を負う、ということである。責任は死を暗示する。かくて二宮は、妻子を連れて桜町に移住した。

荒地の力

金次郎は、どのような方法で村興しをするつもりだったのだろう？

依頼した小田原藩主も、むろん、その点を質問した。

仁術を用います、と二宮は答えた。

仁術とは何か？

孔子の唱える道徳の心です。人への思いやりです。この観念を村人に徹底し、働く意欲を植えつければ、必ずや荒れた村も復興するはずです。とにかく土地がいかに貴《とうと》いものであるかを教え、農事に尽くさせることです。これまで殿は復興に、たくさんのお金を費やしました。以後は一銭も出す必要はございません。なまじ金を出すと、村の者はこれに心を奪われ、悪い気を起こします。人情は荒廃します。

藩主いわく、お前の言うことは理想論ではないか。財を用いず村興しの策とは？

二宮はこう答えた。荒地を開墾するには荒地の力、貧乏を救うには貧乏の力をもっていたします。荒地の力とは、一反の荒地から一石の米がとれたとします。半分を食糧とし、残りを来年の種にします。毎年これを続ければ、金を要しません。

奢られる

金次郎は、言う。

そもそもわが国の田畑は、外国から金を借りて開いたものではない。荒地にまずひと鍬《くわ》を入れ、営々と汗水を流して開拓したのだ。

私が桜町でやろうとしたのは、桜町を太古のわが国とみなし、よそから援助を頼まず、自力で一から開拓することだった。たった一人で、日本国を切り開くような覚悟である。この覚悟さえあれば、何事も成る。相手がいないのだから、ひきょうな事もしないし、うらやましいと思う心もない。願いは成就したいのみ。

「この覚悟、事を成すの大本《おおもと》なり、我が悟道《ごどう》の極意なり」

この覚悟さえ定まれば、家や村を興すのは容易である、「只此《ただこ》の覚悟一つのみ」。

金次郎が桜町に赴任したのは文政五年、村長《むらおさ》たちが隣村で出迎えた。酒肴《しゅこう》を用意してありますから、まず旅の疲れを癒やして下さい、と言う。金次郎は断った。村長たちの下心が読めたからである。彼らは金次郎を酒で丸めこもうとした。今までの役人は皆これに引っかかった。奢《おご》られると頭が上がらぬ。

巡行

働かないから貧乏する。貧しいから、希望が持てない。毎日つまらないから酒を飲み、バクチを打つ。怠け癖がついて、いよいよ貧しくなる。人心も荒廃するばかり、「人の善事をにくみ、人の悪事災難を喜び、他を苦しめ、おのれを利せんことを計《はか》る」。

このような村を、一体、金次郎はどのように再建したのか。

まず彼は村を歩き回った。夜といわず、明け方といわず、一日も休まず歩いた。暴風の日も大雨の夜中も、歩いて回った。村の地理を、隅々まで足で覚えた。悪天の日の水の流れ工合《ぐあい》、風当たり、季節による温暖の加減などを調べていたのである。村人の家の様子も、一戸ずつ観察した。夫婦げんかをする家もあり、バクチにふける家もある。しかし、金次郎は別に説教しない。

もっとも家の中をのぞいたのではなく、家の前を通り過ぎただけらしい。けれどもしばらくすると、彼の毎日の巡行は村人のうわさになった。自然に、身をつつしむようになった。

数カ月後、バクチをする者がいなくなった。

権兵衛

金次郎は言う。「権兵衛《ごんべえ》が種をまけば、カラスがほじくる。三度に一度は追わずばなるまい」という俗謡がある。

カラスが田畑をあらすのは、カラスの罪ではない。田畑を守る者が、追わないからいけない。ご政道を犯す者がないように、お上《かみ》が見張らなくてはならぬ。捕えることを本意としてはいけない。この俗謡は政治の本意に適《かな》っている。

「権兵衛が種まきゃ、カラスがほじくる」という歌は、子どもの頃に聞いた記憶がある。金次郎の時代に、すでに歌われていたのだ。ついでに思いだした歌がある。夏目漱石が唯一残した童謡である。

「源兵衛が練馬村から、大根を馬の背につけ、御歳暮に持つて来てくれた」うんぬん、という素朴な詞だが、権兵衛の歌が頭にあって生まれたのではないか。

こんなフレーズがある。

「源兵衛に　どうだと聞いたら／さうでがす　相変らずで／こん年も　寒いと言つた」

そうでがす、相変らずで、という口調が、いかにも権兵衛を思わせるではないか。

妙術

　金次郎が思いやりの深い人であることは、わかる。しかし、果たして徳の力で怠け者が勤勉に一変するだろうか？　伊豆韮山《にらやま》の代官、江川太郎左衛門が、やはり疑問であったとみえ、金次郎に率直にたずねている。

「自分も支配所の為《ため》に、心を労すること久しい。けれども一向に良い結果を得ない。何か妙術があるのか？」

　金次郎が答えた。

「あなたにはお役柄のご威光があり、それを用いれば事は簡単、しかし私は武士でなく農民ですから、ナスをならせ大根を太らせる技術だけは心得ていますので、これをよりどころに、ひたすら勤めて怠らざるのみ」更に続けた。

「荒れた土地を開拓すれば、米ができます。米の飯があれば、鶏でも犬でも集まってきます。尾を振れと命じれば振るし、ほえよと言えば従います。私はこの道理を至誠を尽くして実行しているだけです」

　要するに、政治はまず民衆の三度の食事を確保することだ、と民をしぼる武家階級を皮肉ったのである。

筍

金次郎は、奇智《きち》の人である。奇智は、機知でもある。

こんな話がある。

広大な竹林をつぶして畑にしたい、と村人が相談にきた。お金をかけないで開拓したい、というのである。

ちょうど筍《たけのこ》の季節であった。無料で筍掘り放題の触れを回した。

村人は喜んで掘りまくった。至るところにあいた穴に、金次郎は山芋を植えさせた。

秋になると、今度は「山芋掘り放題」と触れた。村人は道具を持って押しかけた。

山芋は、かなり深く掘らないと収穫できない。竹の根も傷めつけられ、やがて竹は自然に枯れた。伐採したあと焼いて、焼き畑に仕立てた。

この話は、谷孫六《たにまごろく》著『儲《もう》けた人々』に出ている。お金儲けは着想次第、の一例として、金次郎の逸話が挙げられているのだ。谷は新聞記者で、吉川英治に『親鸞《しんらん》記』を書かせ、作家デビューさせた人である。

金次郎の高弟、福住正兄《ふくずみまさえ》から直接聞いた話、と断っている。

分度

村を興すには、村人の生活の立て直しからである。金次郎は、まず「分度《ぶんど》」なるものを説いた。

分限度合《ぶんげんどあい》のことである。自分の経済能力がどれくらいのものか、まず知らなくてはいけない。

分を知る。分相応の分である。身の程である。家計でいえば、財産、収入である。それをはっきり把握し、予算を組み、切り盛りする。この計画を、「分度を立てる」といった。収入に応じて支出する。当たり前のことだが、言うは易く、行うのはむずかしい。大抵の者が分際《ぶんざい》を知らずに、支出過多の生活をし、借金を重ねて首が回らなくなる。

金次郎は桜町復興資金として、大久保忠真公から金五十両、米二百俵を預かった。この金を無利息で村人に貸し出した。生活を立て直させ、働かせた。皆の投票で働き者を選出し、表彰した。怠け者は厳しく叱った。おだてたり怒ったり……。

金次郎は温和な性格の人だが、ひとたび怒ると、大変恐ろしかったらしい。

刃向う

「悪いけど、そこのハサミを取ってちょうだい」と頼まれる。「はいよ」と手渡す。その場合、相手に柄の方を向けて渡す。刃の方を向ける馬鹿はいない。

いや、馬鹿はともかく、ハサミに限らず刃物をそんな風に扱う者は、けっこう多いのである。それが不作法であることを知らない。

刃物を正しく人に手渡せるようなら、天下は平和であろう、と金次郎は言う。人さまに刃を向けないのは、思いやりだと説く。万が一、過ちがあった時、自分は傷ついても、人さまは傷つけない、自分の名誉は損ずるとも、他人のそれは守る。これが道徳の本意である、と語る。

人さまのお役に立つ、という心で働けば、苦にならぬはずだし能率も上がる。人はどうでもよい、自分さえよければ構わぬ。そんな気の労働は長続きしない。

金次郎が熱心に説いても、反発する者はいる。彼らは金次郎に公然と「刃向《はむか》った」。小田原藩から出張してきた役人は、この反抗者らとぐるになり、ことごとく金次郎のやり方を妨害した。

洗濯

「曇《くも》らねば誰《た》がみてもよし富士の山　うまれ姿でいく世経《よへ》るとも」

金次郎の歌。人は皆清き心を持って生まれるのに、長ずるに従い欲が出て、欲のために汚れる。願わくは、誰に見られても恥ずかしくない、曇らぬ生涯を送りたいものだ。

「いにしへの白きをおもひせんたくの　かへすがへすもかへすがへすも」

これも前記と同じような戒めの歌。

生まれた時の清きを思い、返すがえすも私欲を洗いすすぎなさいよ、という意味のようである。昔は「かえすかえす」と清音で言ったらしい。くり返して何度も、ていねいにの強調である。「せんたく」（洗濯）は逆に「センダク」と濁って発音したらしい。一六〇三年刊の『日葡《にっぽ》辞書』（日本とポルトガル語）では、「センダク」という。

坂本龍馬が姉にあてた手紙の有名なくだり、江戸の同志と心を合わせ、「姦吏《かんり》」と「軍《いくさ》」いたし、「日本を今一度せんたくいたし」。この場合の「せんたく」は、改革して一新する、の意である。龍馬の手紙の日本にはニッポンとルビが振られ、洗濯は濁らない。

「梅の木は根も梅なれば種も梅　枝も葉も梅花も実も梅」

金次郎の歌だが、私は北原白秋の次の詩を思いだす。

「薔薇《バラ》ノ木ニ薔薇ノ花サク。ナニゴトノ　不思議ナケレド」

当たり前というものは、よくよく考えると、不思議である。

ところで桜町再生に心魂を傾け、日夜休まずに奔走する金次郎は、ある日突然、桜町から姿をくらました。

復興に着手して六年目、金次郎は四十一歳になっていた。事業は思うように、はかどらぬ。小田原より出張してきた藩の役人は、金次郎を非難し、藩主に讒言《ざんげん》する。藩主は金次郎を信じているが、役人の面目をつぶすわけにもいかぬ。金次郎を江戸の藩邸に呼び、様子を聞いた。彼はありのままを報告した。その上で、讒訴した役人を罰しないよう頼んだ。共に最後まで復興に努めるよう、口添えを願った。

そんな折の失踪《しっそう》である。当たり前こそ真理と説く金次郎が、当たり前でない行動に出た。

断食

金次郎は、ある日、突然姿を消した。これは事件である。桜町の住民は探しまわった。見つからぬ。

金次郎は意外な場所にいた。

下総《しもうさ》（千葉県）成田山門前の旅館である。自分は成田不動に祈願にきた。断食《だんじき》の行《ぎょう》に入る、ついてはこのお金を預かってもらいたい、と宿の主人に所持金を差しだした。姓名を問うと、小田原藩士の二宮と名乗った。身なりにそぐわぬ大金である。主人が怪しみ、二の足を踏んでいると、人を疑うか、と二宮が大喝した。「其《そ》の声鐘の如く眼光人を射る」と『報徳記』にある。

主人は恐縮し、謝った。けれども疑いは晴れるどころか、いよいよ募る。ひそかに人を江戸に走らせ、小田原藩邸に問い合わせた。二宮に間違いなし、彼には魂胆があって断食するのだろう、ゆめゆめ無礼に扱うべからず、と釘を刺された。使いが帰って、宿に告げる。とたんに、「待遇甚《はなは》だ信切《しんせつ》なり」。

これによって金次郎の行方が桜町にも伝えられた。断食祈念は、人々に衝撃を与えた。

信念

金次郎は、どういうつもりで、成田山祈願を行ったのだろうか。成田山を選んだ理由は、何だろう?

『報徳記』には、「然《しか》れども先生終身此《こ》の事を言はず」とあり、誰もその真意をつかむことができなかった。しかし、三七、二十一日間の断食行を、無事に終えたことは間違いない。

宿屋の問い合わせで、小田原藩が金次郎の行方を知った以上、恐らく成田山新勝寺《しんしょうじ》の住職に、金次郎をよろしく頼む、と内々にお声がかけられたであろう。断食の便宜がはかられた。宿屋住まいでなく、寺に身を移したのである。

金次郎は『二宮翁夜話』で、こんなことを語っている。

神仏、あるいは儒教の本を研究するのも、また、それらの修行をするのも、目的は、世を救い、世に益することである。学問も同様である。人世に用のないものには見向きもするな、人世に益なき本は読むな。人生は至って短いのだから、無用の事はするなかれ。

断食も、その信念に基づくようだ。

密計

金次郎の成田山祈願は、桜町の人々を驚かせた。現実主義者の金次郎が、神仏の力にすがったのである。

後年、いろんな人が、このことを怪しんだ。金次郎が直接答えなかったことは先に記したが、どんなに骨を折っても、自分の誠意が人に通じなければ、これはもう誠意が足らないと考えるのが当然で、わが身を責めたあげくが、おのれを死地に置いて神仏に祈る、何の不思議はない。金次郎の門人たちはそのように理解した。祈願の形が、命をかける断食であったから、人々は驚いたのである。

宇津家の家臣に、横山周平《よこやましゅうへい》という者がいた。「性廉直《れんちょく》にして文学あり」心が清く正直者、学問があり芸術を解した。横山は二宮の桜町復興を手伝った。しかし体が弱く、一年半ほどで江戸に帰り養生をしていた。

その横山が再び桜町に戻ってきた。金次郎が最も信頼する人である。金次郎の断食が無事終了した時、成田山に彼を祝いにきた。断食は二人の密計だったのでは？　と筆者は見る。

神わざ

金次郎の事業を邪魔した一人が、小田原藩から出向してきた役人の某で、村民も某にへつらい、金次郎の命令を聞かない。身分が金次郎と同格なので、金次郎も思案に余った。

ついに、奥の手を使った。某は大の酒好きであった。金次郎は某のそばに仕える婦人に、朝から酒を出して饗《きょう》するよう、ひそかに頼んだ。金次郎からの贈り物と言ってどんどん飲ませてほしい。これは桜町復興のためである、とあおった。

某は喜んで婦人の勧めを受ける。翌日も翌々日も、朝から酒である。反二宮派の村民が、某の指示を仰ぎに来るが、乱酔して話にならぬ。この間に金次郎は着々と事業を進めた。

この程度の計略は、朝めし前だったろう。成田山の断食も、横山周平と打ち合わせて行ったのではないか。むろん、桜町の人々に衝撃を与え、金次郎に同情を寄せさせる企《たくら》みである。

二十一日間の断食を終えた金次郎は、ひと椀の粥《かゆ》をすすると、その日に二十里の道を歩いて桜町に帰った。人々、神わざと驚嘆した。

海舟

金次郎は常人でなく、超人に違いない。桜町の住民は、そのように思った。二十一日間も断食をし、満願の日に歩いて二十里の道のりを帰郷した。普通の人なら、一里だって歩けないはずだ。

人々の金次郎を見る目が、一変した。怠け者が働きだした。もはや、金次郎にたてつく者は一人もいない。金次郎の命令は、神の命令である。桜町復興計画は、順調に進んだ。

というから、どうも話ができすぎている。成田山信心は、これは金次郎と横山周平が仕組んだことに違いない、と筆者は推測する。昔の人は、神仏の霊験《れいげん》には疑いを持たない。それを利用した。

金次郎の良き理解者であった横山は、体が弱く、やがて病歿《びょうぼつ》した。金次郎の悲嘆は限りなく、後年、この人の話が出ると必ず涙を流した。もしかすると、断食案は横山の企画であったかもしれない。

話は変わるが、幕末の政治家、勝海舟は金次郎に一度会っている。至って正直な人だった、と感想を述べている。海舟は坂本龍馬の才能を見抜き、弟子にした男である。人を見る目は確かで、かつ適評である。

柳田国男

勝海舟が、二宮金次郎を語った中に、こんな言葉がある。

「全体あんな時勢には、あんな人物が沢山出来るものだ。時勢が人を作る例は、おれが確かに見たよ」

民俗学者の柳田国男は、二宮の「社会改良事業家としての地位は、少なくとも日本の歴史に於《お》いては空前」である、と述べている。そして金次郎の教訓は、道理というよりは、むしろ信仰である、という。

なるほど「二宮翁遺訓」に、人は皆、富貴を好み貧賤《ひんせん》をにくむが、これらは「天に非《あら》ず、地に非ず、又《また》国家にあるにあらず、銘々《めいめい》の一心にあり」と説く。徳を厚くする者は富栄える、というのである。

柳田は大学を卒業すると、農商務省に入った。少年の頃、利根川べりの地蔵堂で、母親の赤ん坊殺しの絵馬を見た。貧しいための口べらしである。柳田は農村の現状にショックを受けた。何とかせねばと思い、農商務省入りを決めたのだが、仕事で農村を歩き、民俗伝承に興味を持つ。二宮金次郎に関心を抱いたのも、また必然であった。

報酬金

民俗学者の柳田国男は、明治三十九年一月、報徳会において、「報徳社と信用組合との比較」という題目の講演を行った。

報徳社というのは、二宮金次郎の思想や活動を、継承し実践する結社である。金次郎の在世中、たとえば小田原では、町民の希望で報徳社が結成されている。

明治三十九年は金次郎が亡くなって五十年目で、東京で盛大に年忌祭が挙行された年である。柳田は二宮の思想は卓抜と評したが、報徳社の運営内容には疑問を呈した。

たとえば報徳社では無利息貸し付けをする。年賦《ねんぷ》の最後に報酬金なるものを出させる。貸金のお礼の金だが、事実上はこれは利息である。それを無利息で貸し付けと称するのは、いかがなものか、と批判した。報徳社の人たちは、柳田に反発した。報徳社を信用組合と改称させる下心があって、このような批判を並べたのだろうと勘繰った。柳田が農商務省の役人だったから、誤解されたのだろう。歯に衣《きぬ》着せぬ口調も若さゆえか。

芋こじ

金次郎が桜町復興で用いた策の一つに、「芋こじ」というものがある。これは恐らく、成田山の断食行で得た案に違いない。そして断食から戻って、ただちに実行し成功したと思われる。なぜなら民心はすっかり金次郎に傾倒しており、彼の提案に反対する者はいなかった。

月に一度、村の人たち全員が一堂に集まり、話し合いをするのである。こまっている事、こうしたらよいと思うことなど、何でも語りあう。これまでは金次郎が村民に命じたり、教えていたが、村民同士が知恵を出しあって問題を解決する集会にした。金次郎はこれを「芋こじ会」と称した。

芋を桶《おけ》に入れて、丸太か何かで「こじる」ように回すと、芋同士がこすれて、いつのまにか白くなる。「芋こじ」で桜町住民は結束した。

天保二年一月、金次郎が桜町立て直しを引き受けて十年目、すなわち藩主と約束した十カ年計画の期限の年である。金次郎は日光参拝に向かう藩主に面謁《めんえつ》し、報告した。

嬉しい報告であった。

報徳

桜町復興十カ年の成果は、剰余米、四百二十六俵である。金次郎はこれを藩主・大久保忠真公に納めた。忠真はもったいない、と感涙で受領した。あだやおろそかに使える米ではない、と大切に蔵に入れた。後年、小田原領民の救荒米《きゅうこう》として活用した。忠真は金次郎の復興手法を、まさに論語にある徳を以《もっ》て徳に報《むく》う、この精神なり、と賞した。金次郎はわが意を得た思いだったろう。

金次郎は言う。天地の徳をはじめ親の徳、祖先の徳などの恩恵に浴している。恩返しは徳行をもってする。徳行はまずわが財産を明確につかむこと。収入がいかほどで借金の高がこれ、何ほどかを引き、残りがこれ、生活は残額で賄《まかな》い、勤倹を尽くして、貯金に励む。

盆暮れの贈答も、義理も礼儀も、分相応に行うこと。できなければ、やめよ。ケチとけなす者がいるだろうが、けなす方が間違っているのだから無視せよ。「されば義理も交際も出来ざれば為《な》さざるが、則《すなわ》ち礼なり義なり道なり」

惑うな。これが徳行を立つる初めなのだから。

青木村

桜町再興十カ年計画を成功させた金次郎は、更に第二期五カ年計画をスタートさせた。

数年前から全国的に気候不順で、作物のみのりが悪い。特に米がひどく、そのため価格が騰《あが》り、人々が苦しんだ。金次郎は桜町の人たちに、畑一反歩につき二割の面積に稗《ひえ》を蒔《ま》かせた。これは無税である。第二期計画は、来《きた》るべき大凶作への備えが中心であった。

この頃、桜町陣屋（金次郎の居所）から、わずか三里離れた土地の庄屋が、村人をひきいて金次郎に相談にきた。

常陸国《ひたち》（茨城県）真壁《まかべ》郡青木村の人たちである。かつては八百五十石余の豊かな農村であったが、村の西北を流れる桜川が、たびたび氾濫する。村民は働く意欲を失い、田は荒れ放題、葦《あし》や茅《かや》が繁り、狐のすみかとなる。百三十戸あった家も、今やたった二十九戸、先生、何とぞ再生の方法を教えて下さい。

金次郎、言う。わが方法はひたすら節約し冗費《じょうひ》を省き、善行を積み働くのみ。余裕が生じたら他人の苦を救う。ただそれだけだ。

茅を買う

要するに、金次郎は青木村の人たちに、皮肉を言ったのである。

田がだめなら、その田を畑にすればよい。畑に雑穀を植え、食糧にする。何も米だけが、命を養う物ではない。桜川の洪水を言いわけに、田をほったらかし、バクチをし、借金を重ねる。廃村は自業自得である。

庄屋が泣きながら、すがった。

仰せの通りです。しかし村民一同、心を入れかえた上で懇願するのです。何とぞお力添えを……。

金次郎が言った。村興しは容易ではない。まず、できる事から始めるがよい。茅原《かやはら》を刈り取れ。冬になると野火が茅を焼き、民家に及ぶ。火災のもとを絶つべし。刈った茅は私が至当の値で買い上げよう。

村民、大いに喜びて帰るや、老若男女、総出で早朝から茅を刈る。同じ大きさの束に作った。千八百束できた。金次郎は点検した上で、普通より高い代価を払った。

村民は思いがけぬ現金を得て、勤労の喜びを味わった。厄介がって打ち捨てていた物が、金になるとは、と驚いたのである。

桜川堰

金次郎は次に、青木村の神社や寺を修復せしめた。荒れ果てていたのである。社寺は村人の心のよりどころ、再興はここからだった。終わると、金次郎は村人の家々の屋根を、新しく葺《ふ》きかえてやった。桜町の庄屋に命じた。桜町の人たちが出張して屋根葺きをした。一軒残らず、である。

もはや雨漏りを心配することはない。そこで金次郎は開墾を命じた。茅原と化していた田を、元通りにするのである。村民は洪水を恐れた。そもそも田への水は、桜川から引いていた。ところが大雨が続き水嵩《みずかさ》が増すと、堰《せき》が流されてしまう。それというのも、水底の砂が灰のように細かいため、どんな大石や大木で堰を構築しても、土台の役を果たさない。底をえぐられ、流される。村が衰微したのは、堰を造る財力が尽きたからである。

金次郎は請け合った。開拓すれば、田水は自分が責任をもって引こう。頑丈な堰を築いてやる。

村民は感激して開拓に励んだ。数カ月経って大半が終了した。金次郎は現地に赴き、水理を熟見し、桜川の水勢などを調査研究した。

水上の家

金次郎は青木村と隣村の者を集めて、桜川堰造りに取りかかると宣言した。まず山より岩石を掘り、樹木を切り、これを桜川の土手に運ぶ。仕事は迅速を要する。作業の途中で出水したなら、すべてがオジャンになる。普段よりも、大いに働いてもらいたい。

そのかわり、労賃をはずむ。世間相場は一日米一升二合に銭二百文だが、銭は五百文出す。体力の無い者には半日だけ働いてもらい二百五十文払う。しかし怠ける者は、働く者を妨害するので、即刻、追い払う。半日の働きもできない者は、この作業に加わるなかれ。

村民一同、喜んで金次郎の指揮に従い、幾日もたたずに、桜川の両岸に大量の岩石と樹木を運搬した。樹木の一部は材木に加工した。

次に金次郎が命じたことは、のちのちの語り草になる、奇想天外の工事である。桜川に橋を架けるように、家を建てさせたのである。中国で見られる屋根つきの橋を、思い浮かべてほしい。あれの巨大なものと考えればよい。

川の幅分の頑丈な長屋をこしらえ、屋根を茅で葺かせた。村人から買い上げた、あの茅である。川の上に家を建てるなんて、何を考えているのか、誰もが怪しんだ。

極楽普請

とにかく、急がねばならぬ。雨が降り続いて増水したなら、桜川をまたいで建てた家は、たちまち流されてしまう。

金次郎は、やみくもに村人の尻をたたいていたわけではない。一日の作業が終わると、餅《もち》と酒を用意して、どちらか好みの一品を与えた。好きなだけ食べてよし飲んでよし、ただし度を過ごしてはならぬ。おのおの腹に相談して飲食すること。人々、のちに称して、これを極楽普請《ごくらくふしん》といった。安楽な工事、という意味である。

さて、茅屋根の家が完成した。誰か屋根に登り、つないである縄を切り、家を川の中に落とせ、と金次郎が命じた。人々はあっけにとられた。一人が訴えた。そんな無茶なことをすれば、家もろとも水に沈みます、命がありません。

なら私がやる、と言うやいなや、屋根に上がり、刀で数カ所の留め縄を切断した。「迅速飛ぶが如し」というから、端から端まで駆けながら切ったのだろう。家は水煙を上げて落下した。金次郎は土手に積んだ岩山に立ち、おれが危険な命令を出すと思うか、と言った。

完成

桜川を遮《さえぎ》るように長屋を沈めた金次郎は、呆然《ぼうぜん》としている村人たちに、次の作業を命じた。

両岸に集めた岩や石ころ、大木を、長屋の屋根に投げ入れさせたのである。終わると、あらかじめ待機させていた土木業者や大工、石工に堰造りを依頼した。

大小二つの水門を設け、平時は小さい方を、大水の際には両方を開いて、洪水が起こらないように調節した。茅屋根の家を沈めたのは、水底の細かい砂をおさえるためであった。しかも、茅が水を通さないことは、茅屋根で雨をしのいでいる日常生活で経験ずみ、と金次郎は説明した。してみると、屋根だけでなく、壁も茅でこしらえたらしい。

いずれにせよ、前代未聞の堰であった。たった十日で完成したのである。しかも費用は少なくすみ、以後、十数年、ビクともしなかった。新しく用水堀を通し、田に注いだ。「民大いに悦《よろこ》ぶ」

かくて村人はせっせと働きだした。金次郎は例によって道を造り、橋をかけ、農具を与え、借金を返済させた。「民大いに感銘し励む」

秋ナス

「秋ナス嫁に食わすな」という。秋のナスは味がよい。嫁に食わせるのはもったいない、とこれは嫁いじめの俗諺《ぞくげん》なのだというが、いや、違う、秋ナスはアクが強く、子どもを産もうという嫁の体にはよくない、従って嫁さんへの思いやりの言い伝えだ、と二説ある。

どちらかというと味オンチの筆者には、判定できない。ナスは夏の出盛りのものが、一番おいしいように思うのだが。

金次郎は鋭い味覚の持ちぬしだったようである。初夏、宇都宮で口にしたナスが、秋ナスの味であった。これはただごとでない、と箸《はし》を置いた。天保四年のことである。金次郎は桜町の人たちに凶作の備えを命じた。各家に畑一反歩につき二割の税を免除するから、そこに稗をまけ、と触れた。

村人これを聞き、先生は神の如き人だが、豊凶の予測までできるとは思わぬ。家ごとに一反歩につき二割の稗を作ったら、村全体で大層な量になる。第一、貧乏でも今まで稗など食ったことがない。人にあげても喜ぶ品でない、と蔭口《かげぐち》を叩く有様、誰もナスの味に気づかぬ。

衣は食えぬ

金次郎の予測通り、その年は冷夏となり降雨多く、関東東北は飢饉《ききん》に見舞われた。桜町の人たちは稗のおかげで助かった。稗は気候不順に強い。

金次郎は凶荒はこんなものではない。もっとはなはだしい飢饉が来る、備えを怠るまいぞ、と声を励ました。そして先のように各家に稗を作らせた。凶荒は続き、天保七年に至って一段とすさまじい異常気象に襲われた。ま夏というのに、氷のような北風が吹き荒れた。農作物は実を結ばず、飢えた人々は草の根を掘って口にした。

小田原領も同様である。藩主の大久保忠真は憂えて、金次郎を頼った。金次郎は桜町の手当てをすませたのち、江戸の藩邸を訪れた。忠真は病臥《びょうが》していたが、金次郎のこれまでの功績を称《たた》え、用人《ようにん》（家老の次の位。会計などを担当）格の禄《ろく》を与えんとした。それに先だち、まず麻上下《あさがみしも》を臣下から贈らせた。

金次郎は使者に返した。私には不用の礼服です。使者は激怒した。殿の好意を無にするとは何事か、理由があろう。言え。金次郎は答えた。衣は食えません。

小田原評定

地位も勲章も、いらぬ。ほうびをくれるというなら、千石の米をいただきたい、と金次郎は言った。千石は小田原の飢えた人たちに与えるのだ、とつけ加えた。

藩主・大久保忠真は、ただちに手元の金千両を金次郎に渡した。更に飢民《きみん》のために小田原の米蔵を開くよう、家臣に命じた。

金次郎は喜んで、小田原に向かう。

ところが現地の家老たちは、殿の命令書が届いていないから、蔵を開けるわけにはいかない、と拒絶した。「軽輩」が乗り込んできて、君命により自分が救荒の道を行う、と宣言したことが面白くないのだ。

何度も会議を重ね、一向に決まらない。いわゆる、「小田原評定」である。金次郎はいらだち、皆さんがたは、ひもじい経験がないから悠長でいられる。飽食の身で何が飢民救済か。断食して評議したらよい、自分も断食して聞こう、と大声でたしなめたので、一同ようやく意に従った。金次郎は領内に米を配った。一人も餓死者を出さずにすんだ。奮闘の間に、金次郎を庇護《ひご》してくれた大久保公が、亡くなられた。

恐慌

小田原藩主・大久保忠真の嫡男《ちゃくなん》は、父より先に亡くなっており、孫の仙丸が幼くして跡を継いだ。

天保十三年、時の閣老・水野越前守より、金次郎に、御普請役格《ごふしんやくかく》で召し抱えたいとの話がきた。小田原領の再生が中途であり、故君との約束もあって受けられぬ、と断った。水野は、掛け持ちで構わない、とご執心である。二宮はやむなく拝命した。

水野は早速、利根川の分水路と下総（現在の千葉県北部と茨城県の一部）印旛沼《いんばぬま》治水の視察を頼んだ。次に日光の荒地調査を命じられる。その間、諸藩より続々と領地「再生」の依頼がくる。

事件が、起こった。小田原藩のお家騒動である。国家老が出府してきて江戸家老を追いだしたのである。そして金次郎の仕法《しほう》を廃止し、領民が彼と接触することを禁じた。幼君なるがゆえの権力闘争である。金次郎は嘆いた。これ皆わが誠心の足らざる所に出た。誰を恨み、誰を咎められよう。小田原の中断は、自分を愛しひきたててくれた故君に申しわけない。今後一切、諸藩の仕法をやめる。そう宣言した。さあ、諸藩は恐慌を来《きた》した。

富田久助

人の縁は、まことに不可思議である。

蘭方医《らんぽう》の磯野《いその》弘道《こうどう》に、診察を乞うた若者がいる。これは病気ではない。滋味豊かな物を食べ、しばらく静養すれば元気になる、と励ました。薬を、くれない。

一体どうしてこんなにも体を酷使したのか。磯野は不審がった。

いささか勉強をしすぎました、と若者が苦笑する。ろくろく寝ないで、食う物も食わず、一心不乱に学問していた。筆耕《ひっこう》で得た金の大半は、書籍代に当てていた。

なぜそんなに急いで、無茶な勉強をするのか。磯野はたしなめた。

若者は富田《とみた》久助《きゅうすけ》と名のり、自分は相馬藩士の次男だが、藩の経済を立て直すべく、十年前から江戸に来て勉学している、と語った。藩から命じられたのでなく、自分の発意という。磯野は久助の志に感じ入り、何かと面倒を見た。磯野の門下生に、奥田《おくだ》幸民《ゆきたみ》という者がいた。奥田も久助に好意を抱いた。良い学問の師をご存じないか、と久助に問われ、生きた学問の先生なら知っている、と答えた。二宮金次郎のことである。

漆盆と樽

儒者は漆《うるし》塗りの盆、と金次郎は言った。水をはじくように、人の意見を受け入れない。しかも古聖賢の言説をもって反論する。自分は儒者を好まない、と富田久助の面会を断った。

玄関払いである。久助は引き下がらぬ。漆盆のたとえに、反発するどころか、うなずいたのである。

実学こそ自分が求めていたものであった。久助は隣村にとどまって、時期を待った。三カ月ほどして、金次郎に呼ばれた。恐らく久助の人となりを観察していたのだろう。久助はおのれの志を述べ、相馬藩再興の教えを乞うた。金次郎はこの二十六歳の男が、漆盆でないと見抜いた。入門を許し、再興は成功すると答えた。

久助は驚いて、その根拠を問う。なあに、ここに多くの樽《たる》がある。フタを開けねば中身が知れぬ。しかし錐《きり》を刺して、もれる一滴を味わえば、内容が酒か醬油《しょうゆ》か水かは明らかだ。あなたはその一滴、失礼だが低い身分で藩の窮乏を憂うる。よほど窮している証拠、一方、一藩こぞって再興を熱望しているとわかる。この熱意が成功の基である、と言った。

赤い柿

富田久助が金次郎に弟子入りして、七年たった。念願の相馬中村藩の再興が始まった。相馬藩百八十年間の資料を調べ終わった金次郎は、富田を自分の代理に定めた。

藩では、領内で最も荒廃した村から着手してくれるよう、求めた。しかし金次郎は富田に、多くの柿の中で赤く色づいた実から収穫せよ、と命じた。最初が肝心である。金次郎の方法を理解し、意欲満々の村から始めよ。やりやすいし、成功すれば、他村の者が納得し希望する。再生は一村ずつ行うべし。

富田は現地に赴き、指揮した。いろいろ邪魔されたが屈しなかった。明治四年の廃藩までの二十七年間で、仕法を実施した百一村のうち五十五村が成功、残りが続行中であった。相馬藩仕法始めの頃、二宮は入浴中、何者かに槍《やり》で襲われている。

富田は三十九歳で、二宮の長女文子《ふみこ》と結婚した。文子は翌年、難産のため急死した。二十八歳である。

三年後、金次郎は富田に後事を託し、この世を去った。安政三年十月二十日（今の暦だと十一月十七日）。享年七十。

大海の一滴

金次郎の葬儀をすませた富田久助は、過労で体調を崩した。静養のため、日光の奥の、湯西川《ゆにしがわ》温泉にでかけた。そこで考えた。

先生の死は、惜しみても余りある。先生の徳行や言論を今のうちに記録しておかねば、のちの世の人が知らないで終わる。知らなければ良法といえども一度限りで、永遠に及ばない。非才の自分が先生の功業を記すのは僭越《せんえつ》だが、門人としておそばにあり親しく見聞していた。筆録者の資格はあるはず、とはいえ、記すは、「大海の一滴のみ」先生の全貌《ぜんぼう》は伝えられぬ。

そんな思いでつづったのが、『報徳記』八巻であった。金次郎の死の翌月、わずか十日で書き上げた。

富田はこれを二十余年、公にしなかった。至らぬ筆記で誤読され、先生の高徳に傷がつくことを恐れたのである。しかし旧藩主の知るところとなり、原稿を見せた。

相馬氏は写本を作り、明治の世になって一本を宮内省に献じた。天皇これを読まれ、宮内省に印刷させ、県知事、他に与えた。二宮金次郎の名と業績が、全国に周知されたのはこの本のおかげである。

如是我聞

自分はまもなく死ぬだろう、と病床の金次郎が門人に言った。そして次のように遺言した。葬式は質素にし、分《ぶん》を越えるな。墓石をたてるな。碑をたてるな。ただ土を盛りあげて、傍らに松か杉を一本植えておけばよろしい。

と『二宮翁夜話』巻の五にある。著者の福住正兄《ふくずみまさえ》は旧姓大沢、名主の五男で、父と兄が二宮を信奉していた。村を立て直すため、二十二歳の時に金次郎の許《もと》に弟子入りした。富田久助より六年後輩になる。

大沢は金次郎の身の回りの世話をした。師の言行を、「如是我聞録《にょぜがもんろく》」と題し、日々メモした。

五年後、箱根湯本の旅館、福住家に見込まれて養子となり、金次郎と別れた。宿の帳場でメモを整理し、書き上げたのが先述の書である。明治十七年に第一巻を刊行し、二十年に完結した（全五巻）。福住は宿泊客の福沢諭吉と意気投合し、箱根の開発に力を尽くした。

『二宮翁道歌解』という著作もある。師が詠んだ教訓歌を解説した。こんな歌。

「忘るなよ天地のめぐみ君と親　我と妻子《つまこ》を一日《ひとひ》なりとも」。解説は無用だろう。

直哉と介山

金次郎には二人の子があり、娘の文子が富田久助に嫁《か》した年に、むすこの弥太郎が嫁を迎えた。弥太郎は明治四年に病歿、子の尊親《たかちか》が福島県に興復社《こうふくしゃ》を起こし、祖父と父の事業を継続した。社長に富田を据え、尊親が副社長である。富田亡きあと社長となり、事業を北海道十勝に移した。

明治三十六年、『報徳分度論』を出版、序文を作家・志賀《しが》直哉《なおや》の祖父、直道《なおみち》がつづっている。

直道は相馬家の家臣で、富田の指揮の下、藩の復興に力を尽くした。維新後は家令《かれい》となり、足尾銅山開発に携わった。孫の直哉は金次郎の業績をつぶさに聞かされたろう。学習院の学友、武者小路《むしゃのこうじ》実篤《さねあつ》にそれを語り、実篤は金次郎の伝記を書くと共に、「新しき村」の発想も得た。

作家でやはり金次郎に心服した者がいる。『大菩薩峠』の中里《なかざと》介山《かいざん》である。金次郎は「世界の百姓道」を大成した、と絶賛、百姓という言葉を愛した。百姓弥之助と名乗れば足りる、この上の肩書は不要、公爵百姓弥之助は妙だし、文学博士百姓弥之助は変、百姓以上の美称は無い、と言った。皮肉である。

「生涯」を贈る

明治二十七年の夏、内村鑑三《かんぞう》は、「後世への最大遺物」と題する講演を行った。この速記は小冊子にまとめられて、多くの読者に感銘を与えた。

金や名声や事業や作品など、何一つ無い者にも、のちの世の人たちに遺《のこ》せるものがある。誰にも遺せるもの、それは「勇ましい高尚なる生涯」である。「アノ人はこの世の中に活《い》きているあいだは真面目《まじめ》なる生涯を送った人である」と言われる人間でありたい。

そういう「生涯」の贈り物を遺した人の例に、六百余の町村を復興した二宮金次郎を挙げた。

この頃、内村はのちに『代表的日本人』と題される外国人向けの人物伝を英文で書いていた。西郷隆盛、上杉鷹山《ようざん》ら五人の中に、二宮金次郎が入っている。内村は富田久助著『報徳記』に感動したのだ。『報徳記』は宮内省から農商務省が出版を継承し、明治二十三年に大日本農会が版権を譲り受け刊行した。内村は札幌農学校出身の農学士だから、二宮の名は先刻承知のはず。先の講演で『報徳記』を読め、と勧めている。

幸田露伴

内村鑑三は、『報徳記』はキリスト教のバイブルの如く、読む者に「新理想」と「新希望」を与えてくれる、と言った。「少年文学」の中に『二宮尊徳翁』というのがあるが、「アレはつまらない本です」。

こう一蹴《いっしゅう》された本は、明治二十四年に少年少女向けに出版されたもので、作者は、鷗外、漱石と共に三文豪と並び称された幸田露伴《こうだろはん》である。内村が不満の理由は何だろう？　少年向きの伝記と思えない、格調高い文章だし内容である。

学んで知を養える人は尊《たっと》ぶべし、勤めて業を成す人はまた尊ぶべし、志して道を求める人は更に尊ぶべし、「誠ありて徳をほどこせる人は又愈々《またいよいよ》尊ぶべし」。

このような書き出しである。感動しやすい児童に形容過多の文章は弊害と思い、『報徳記』の簡潔な原文を生かしてつづった。露伴はそう述べている。

内村は『代表的日本人』で、日蓮をとりあげているが、露伴の「少年文学」の『日蓮上人《しょうにん》』を読んで参考にしている。『二宮尊徳翁』の何が気にいらぬのかわからぬ。

II

知の巨人、幸田露伴——近代文学再発掘

宝の蔵

『宝の蔵』という、おめでたい書名の物語がある。目次を見ると、「よみはじめ」があり、次から本文で、第一章が獅子《しし》と虎と野狐《のぎつね》の話である。

まず「よみはじめ」、これは序章である。

なになに、「何時《いつ》の頃にやありけむ」、ある村に一人の老人あり、ふしぎな話、面白い物語がたくさん書きつけてある『宝の蔵』なる絵巻を所蔵していた。村の子どもたちが押し寄せて、老人に蔵の中の物語を聞かせてほしいとせがむ。

老人言う。問うことは知るの始め、君らは私に問う。私は大切な宝の蔵を開き、君らに物語ろう。

ついては君らもこの蔵に一つ約束せよ。それは思考だ。考えることは悟ることの始めなり。くれぐれもよく聞き、よく考えよ。されば君らは真の宝を得るだろう。

やがて老人は語り始めた。

とは、明治二十五年七月刊の、児童向け図書『宝の蔵』、作者は幸田露伴《こうだろはん》である。

では虎の出てくる物語を読んでみよう。

半分

「過去世《むかし》雪山《せっさん》といふ山のほとりに、獅子と虎と棲《す》みにけり」

とは、少年文学『宝の蔵』第一話の書きだしである。

どちらも力強く、百獣、敬い恐れる。二頭は争うことなく、朋友《ほうゆう》の交わりをなす。ここに一匹の野干《やかん》(狐)あり、どうぞ仲間にしてください、分に応じた働きをします、と頼む。二頭は快く受け入れる。

ところが狐は二頭の食い残しをむさぼるばかりで、少しも働かない。どころか、よこしまな考えを抱いた。もしも二頭が獲物を得ない時は、おれを食うかもしれぬ。危ない危ない。その前に、二頭の仲を割《さ》くことだ。

狐は獅子に向かい、虎がこんな悪口を言っていた、と告げ、虎には獅子がかくかく、と同じことを訴えた。双方は狐の偽言《ぎげん》を信じた。

ある日、二頭はバッタリと会う。お互いにののしりあい、やがて、共に同じことをまくしたてているのに気づく。狐にのせられたと知った二頭は、怒って捕まえ、汝《なんじ》の半身は我に忠義なりしが、半身は我をだましたので我食わん、と同じことを言い、狐を半分にした。

六百部

幸田露伴は明治二十二年に作家デビューし、同い年の尾崎紅葉《おざきこうよう》と並び称された。いわゆる「紅露」時代を築いた。やがて、鷗外、漱石と共に、明治の三文豪とうたわれる。

ところが現在、露伴は影が薄い。鷗外や漱石に比べて、読まれていない。一つの理由は、むずかしいからである。内容が、ではなく、遣《つか》われている言葉や文字が、である。

昭和四年十一月から翌年十一月にかけて、岩波書店から『露伴全集』が刊行された。全十二巻。菊判、布製、函《はこ》入りの、一冊が九百ページから一千ページの、どっしりとした本である。活字も大きく読みやすく、総ルビであった。

露伴の弟子の漆山又四郎《うるしやままたしろう》が編集し校正したが、印刷所にない文字が多く、新しく造らねばならなかった、と記している。三千部を刷ったが、予約が少なく、全集の後半は六百部だった、と露伴の担当編集者だった小林勇《こばやしいさむ》が回顧している。当時でさえ、読者はこの数であった。しかし、この六百人は熱烈なファンである。小泉信三《こいずみしんぞう》も、その一人であった。

病虎

「読初《よみぞめ》や露伴全集はや五巻」

小説家・劇作家で俳人の、久保田万太郎《くぼたまんたろう》の句である。

あらたまの年の初めに、まっ先に読んだのが『露伴全集』で、早くも五巻目に至るというのだが、読初の本に露伴を選んだほどの、ファンだったのである。

同じく熱烈なファンであった経済学者で、若き皇太子（現上皇）の御教育参与の小泉信三は、露伴が亡くなった時、「大樹が地に倒れたような感じ」で、「明治以来の日本の誇り得るものが、皆なくなってしまったようにも思う」と所感を述べている。

小泉は露伴一代の最高傑作は、中篇の『運命』である、と言う。

この小説は、大正八年、『改造』創刊号に掲載された。芥川龍之介や谷崎潤一郎が激賞した。

小泉信三は皇太子にこれを音読しつつ、御進講した。漢文を直訳したような文章である。

中国は明《みん》の三世、甥《おい》の建文《けんぶん》皇帝を追放した燕《えん》の王の物語。燕王のブレーンに道衍《どうえん》なる異僧あり、「目は三角なり、形は病虎の如し。性《せい》必ず殺《さつ》を嗜《たしな》まん」。病気の虎のような形の目って、どんな目？

白帽

露伴の傑作『運命』の内容である。中国は明の歴史に材を取っている。燕の国王の寵臣《ちょうしん》、道衍は、いずれ王には白い帽子を進呈します、とお世辞を言った。王の頭に白を載せる。文字に表すと、皇。すなわち明の皇帝になっていただく、という字謎である。

「白帽」はやがて実現した。兵を挙げて戦うこと四年、ついに甥の建文帝の座を奪った。

建文帝の側近で燕王に従う者は生かし、拒む者は殺した。方孝孺《ほうこうじゅ》なる三代の帝に仕えた学者がいた。この者は従わずとも殺さないでほしい、と道衍が頼んだ。「之《これ》を殺したまはゞ則《すなわ》ち天下の読書《とくしょ》の種子《しゅし》絶えんと」

燕王は、うなずいた。実は、方の師は道衍の亡友なのである。

方はいかなる人物か。「日に書を読むこと寸《すん》に盈《み》ち、文を為《な》すに雄邁醇深《ゆうまいじゅんしん》なり」文をつづれば「水の湧いて山の出づるが如し」と師が評した。父は府の長官をつとめ、徳をもって政治をなした。

「勤倹身を持《じ》し」人情厚く、田野を開いた、というから、尊徳二宮金次郎のような人である。

伯夷

「壮士　千載《せんざい》の心　豈憂《あにうれ》へんや　食《し》と衣《い》とを」

方孝孺の詩である。高位高官などどうでもよい。「人生　道を聞くを尚《たっと》ぶ　富貴《ふうき》復《また》なに為《す》るものぞ。賢にして有り　陋巷《ろうこう》の楽《たのしみ》、聖にして有り　西山《せいざん》の饑《うえ》」

西山の饑とは、伯夷《はくい》と叔斉《しゅくせい》の兄弟の故事をいう。兄弟は主君を討とうとする周の武王に順逆を説きいさめたが、聞き入れられなかった。周の世となり、兄弟は西山（首陽山）に隠れ、周の粟《ぞく》（穀物）を食《は》むことを拒否し、ワラビを採って食べ、ついに餓死した。

方孝孺には、兄弟が理想の聖人だったようである。詩の中で、たびたび詠んでいる。兄に寄せる詩に「苦節伯夷を慕う」とある。また、「西顧《せいこ》すれば清風《せいふう》生ず」と。自分の筆に、こう刻んだ。「妄《みだり》に動けば悔《くい》有り」。また紙の詩もある。「之《これ》を以《もっ》て言《げん》を立つ、其の道を載せんを欲す。之を以て事を記《き》す、其の民を利せんを欲す」

燕王、方に詔《みことのり》を書け、と筆紙を出した。甥の建文帝を追放して、玉座についた燕王は、周の武王に他ならぬ。方は伯夷叔斉を選んだ。

運命

新帝となった燕王は、方孝孺に詔を書かせようとした。命令に従えば富貴は目前だが、拒めば殺される。方は後者を選んだ。

帝は怒って刀で口をえぐった。方の一族を捕らえ、ことごとく処刑した。親孝行の末弟が目前で殺される時、方は、さすがに泣いた。兄さん、なぜ泣く、と弟が叫んだ。義を取り仁を成すのに。千年後、魂となり故郷に帰るよ、と吟じて弟は首をのべた。方は磔《はりつけ》にされ殺された。

九歳の男の子がたった一人、ある者にかくまわれて生きのびた。方の門人に養われて成長した。子孫繁栄し、方の姓を許されたという。

幸田露伴の『運命』は、このあと建文帝の晩年をつづるが、物語の頂点は方孝孺の生涯である。

明の太祖《たいそ》には多くの子があった。それぞれに国を与え兵を授け、もしもの事が起きた時は、皆が仲よく助けあうように約束させた。これが間違いのもとであった。太祖は書物を好む皇太孫《こうたいそん》（建文）より、四男の燕王を愛し、帝位を譲ろうとした。方孝孺は太祖に召しだされた学者で、三代に仕えたことになる。

探偵小説

露伴は、わが国探偵小説の先駆者の一人である。

明治二十年に、探偵小説の開祖といわれるエドガー・アラン・ポーの「黒猫」や「モルグ街の殺人」が、翻訳され紹介された。その翌年、露伴は「露団々《つゆだんだん》」を書き、二十二年二月、雑誌『都の花』に発表、文壇に登場した。二十三歳だった。十月、「あやしやな」を発表、これが本格探偵小説である。

翻訳に見せて、登場人物が外国人、「死にました死にました、あの朴訥爺《ぼくとつおやじ》のばあどるふは死にました」と意表をつく書き出しで、この男は二月七日の夜、急死した。

毎年この日に男は熱を出す。若い医者に処方された薬をのんだ直後、旧知の伯爵が訪れている。この時、伯爵が熱さましにとのませた薬が怪しい。伯爵は冤罪《えんざい》だ、と残された薬を自らのんでみせる。何事もない。探偵は死者の過去を探る。死者には、自殺した娘がいた。命日が二月七日なのである。

娘はなぜ命を絶ったか。その理由と、男がのんだ薬に謎がある。薬のトリックと、意外な結末。現在読んでも新鮮な傑作である。

新聞

露伴は明治二十二年に、もう一篇、探偵小説を書いている。いや、探偵小説まがい、というべきか。

伯爵夫人と称する外国の女性が、日本の質店主をホテルに呼び、この宝石を担保に六千円を融通願いたい、と差しだしたのは、時価十万円というダイヤの胸飾り。鑑定すると、本物なり。急場しのぎゆえ特別に利息千円払う、一週間後に必ず請け出すとのこと。こんなおいしい取引はない。ほくそ笑みつつ帰宅し、甥の理学士に話した。せがまれて預かり物を内密に見せる。これは鋼玉《こうぎょく》なり。固さはダイヤの次で、普通人には見分けがつかぬ。我に腹案あり任せよ。甥は鋼玉の値で売り払う。質商の目利き違いは、新聞で報道された。

すると約束の日に、伯爵夫人が店に訪れ、七千円耳を揃えて差し出し、胸飾りをお渡し下さい、と言った。主人青ざめ「是は〳〵」。とこれが題名。夫人は新聞を見てユスリに来たわけだ。品が無いなら十万円を弁償せよと迫った。品はあった。実は売らずに、売ったと新聞に書かせたのが甥の機転。夫人「是は〳〵」。鋼玉を返して「騙局《かたり》」から千円の利を得た、という落ち。

文化流

銀座をぶらついていたら、えらく客の入る店がある。看板に、なになに、「小説家御用達《ごようたし》」、興味に駆られてのぞくと、「為永《ためなが》流の趣向金三円也」「馬琴《ばきん》流の趣向金八円也」「ユーゴ流金百円也」「沙翁《しゃおう》流金一万円也」「探偵流品少《すくな》につき金二百円也」……。

為永や馬琴は、江戸時代の作家、ユーゴは、「レ・ミゼラブル」のフランスの作家、沙翁はシェークスピアである。探偵小説は品薄なので高価という。はてな?「顒翁《ぐおう》流金一万円也」? 顒翁とは?

これ、露伴の明治二十九年作「大丈夫」の書きだしである。難解な漢字が出てきた。誰のことだ?

調べたが、わからぬ。そこで戦後版の露伴全集を開いた。こちらにはギョーテと読みがながあった。

私は昭和五年刊の全集を読んでいたのである。総ルビなので、読みやすい。ただし、どちらの全集にも語義が無い。露伴文学が普及しない要因である。

それにしても、ですよ。戦後版（昭和五十三年再版）全四十四巻揃いが、古書価一万なにがし。日本の「文化流」が泣いています。

百科事典

坂本龍馬の先生の勝海舟は、小説が好きだったらしい。これは明治の世の談話だが、今どきの小説は諷刺《ふうし》が足りぬ、浅いと評し、ただ一人、「あいつ、なかなか偉い」とベタほめしている作家がいる。「学問もあつて、今の小説家には珍しく物識《ものしり》で、少しは深さうだ」

幸田露伴である。海舟は露伴の「物識」ぶりを買ったらしい。「少しは深さう」どころではない。

歩く百科事典、と称された。和漢洋の学識だけではない。諸事百般に通じ、知らない事は何一つ無い。

たとえば宴会での喧嘩の仕方。最初に自分の足袋の爪先《つまさき》に、刺身醬油をぶっかける。畳で滑らない準備。昆布ダシの吸い物のヌルは、箸で梅干しをつまみ、それでかき回すと取れる。お玉で汁をすくいあげ落とす。汁を風に当てると、いい味になる。料理には詳しかった。

露伴の娘は、のちの作家の文《あや》だが、子どもの頃いろんな遊戯を教えられた、という。女の子の遊びを、である。猥談《わいだん》も聞かせたらしい。「親の語る猥談くらい安全なものなし」と娘に言った。

トリック

文は十四歳の夏休みに、初めて父の露伴から掃除の稽古をさせられた。一日目は道具の修理、翌日ハタキのかけ方（天井から始める。ゴミは上から落ちるから）、次に拭《ふ》き方。雑巾《ぞうきん》の絞り方。絞ったあとの濡れ手をどうするか。

無意識に手を振っている。従って、しずくが足元に飛び散る。意外な場所に、斑点をつけている。濡れ手の処理に気が回るようになれば、人より一歩抜けでたことになる、と露伴が言った。

三、四年後のある日、この時のことを思いだした文は、雑巾や手拭《てぬぐ》いを絞ったあとの無意識の濡れ手の動きを、小説のトリックの種に使えまいか、と露伴に話した。その頃、文は探偵小説に夢中だった。父の影響である。創刊されたばかりの専門誌『新青年』が家にあった。露伴は小栗虫太郎《おぐりむしたろう》に注目していた。酒をのむと、よく、シャーロック・ホームズの話をした。露伴は、ホルムズと発音していた。面白い探偵だよ、と楽しげに語った。

濡れ手のトリックには、「こきたない趣向だ」と一笑した。しかし満更《まんざら》でもなかったらしい。

幻の芥川賞

坂本龍馬が暗殺された慶応三年に、露伴は誕生した。漱石も正岡子規も尾崎紅葉もこの年生まれである。生家は代々、江戸城のお坊主衆を勤めた。大名の接待をするのが表坊主で、幸田家は将軍の用を弁ずる奥坊主である。上様に何か聞かれたら即答しなければならぬ。坊主衆は博識を旨《むね》とした。露伴が「歩く百科事典」であったのも、お家の伝統といえる。

それにしても露伴の兄妹は、「百科」の才能に恵まれた人々だった。長兄は実業家、次兄が千島開拓の郡司《ぐんじ》成忠《しげただ》、三男が露伴で、四男が史学者・文学博士の成友《しげとも》、妹がピアニストの延《のぶ》と、ヴァイオリニストの安藤幸《こう》である。

更に、甥に幻の芥川賞作家がいる。幸のむすこで、筆名を高木卓《たく》、大伴家持《おおとものやかもち》を描いた「歌と門の盾」で、第十一回（昭和十五年）芥川賞を授賞、しかし賞に値しない習作である、と本人が辞退した。

審査員の菊池寛《かん》が、活字にして発表した以上、毀誉《きよ》は他人にまかすべき、ほめられてこまるようなら初めから発表しなければいい、とお冠だった。

高木卓

芥川賞を授けられながら辞退した高木卓の小説とは、どんなものなのだろう？　現在は古本でしか読むことができない短篇の一つを紹介する。

大学を出て古い城下町の高校教師に赴任した宮川昌雄は、結婚を控えて借家探しをしている、とは『空家物語』。

グランドピアノを置いている一軒家を見つけた。そのピアノを弾いていた子は、今春、東京の大学に入学した。そういえば、と宮川は思いだした。校内の音楽会で、加藤秀夫という子が、巧みにショパンの曲を弾いていた。印象に残っていた。

というのも宮川は有名な音楽家の家に生まれ、自身ピアノを弾き、作曲もしていたからである。高木はヴァイオリニスト安藤幸の子だから、宮川は作者の分身と見ていい。

なぜ空き家に、グランドピアノがあるのか。宮川は町の者に事情を聞いた。こうである。

空き家の持ちぬしは、先頃亡くなった建設業者である。この人は少々アコギなやり方で貸家を方々に建てて産をなした。死の一年前、罪滅ぼしの心か、町に公会堂ができた際、ステージ用のピアノの寄贈を申し出た。だが彼への反感から、拒絶された。

ピアノ

寄贈を断られたグランドピアノは、何しろ大きな物だから自宅に置き場所が無く、加藤家の持ち家の一軒に運び入れたのである。

未亡人はピアノが弾ける人に家を貸したい、と言っていた。そこで宮川は喜んで借りることにした。

引っ越した日は雨が降っていた。だだっ広い家に、たった一人、夜、宮川は退屈しのぎに、くだんのピアノを弾いてみた。楽器がいいせいか、音色はすばらしい。雨は強くなり、風がうなりだした。突如、停電である。初めての家だから勝手がわからぬ。仕方なく床についた。うとうとした。

玄関をたたく音がする。開けると、ズブぬれの学生が立っていた。

家主のむすこ加藤秀夫が、東京から帰っていたのだ。停電で宮川が弱っているだろう、とロウソクを持ってきた。彼は宮川とピアノの調子について会話し、ついでにショパンを弾いて辞去した。

翌朝、宮川は礼を述べに行った。喪服姿の未亡人が現れた。秀夫は昨夜東京で亡くなっていた。

ぶちこはし道具

高木卓には、『人間露伴』という著書がある。伯父の思い出でなく、座談の口跡《こうせき》を記録している点で貴重である。

昭和十五年から十七年の二年間、露伴は身内の者を集めて俳諧《はいかい》講義をした。高木は母や弟と参加した。露伴の娘や孫（のちの作家の文と青木玉《たま》である）も加わり、多い時には十二、三名集まった。週一回（のちには月一回）、二時間ほど開かれた。参加者に句を作らせ、露伴が批評する。話は俳諧に限らぬ。古書のうんちくから（実物を示して）、贋造《がんぞう》談にまで及んだ。

お化けの絵では何がいいですか？　と質問が出たらしい。妖怪変化はまず石燕《せきえん》、『百鬼夜行』というのがある。「いまどきの子供らは、垢《あか》なめ、家鳴《やなり》なんておばけは知るまい、ハハハ」

戦争のさなかに、こんな「塾」が開かれていたなんて驚きである。「今の世ほど、ぶちこはし道具が発達してゐることアねえ。『微妙なる』ものア、今の世ではほろびるほかはねえやうだな」と江戸弁である。「人間は破壊の競争がすきなもの」きちんと時代の動きを見、批判している。

電信学校

幸田露伴は、自伝を書いていない。自分を語ることを好まなかった人である。小学校を卒業すると、府立一中に入学した。しかし、一年でやめ、東京英学校に移った。程なく漢学塾に通っている。十七歳、今度は電信修技学校に入った。

学校を転々したり、電信技手になろうとした理由は、わからない。兄妹が多く、家計の問題かもしれない。電信修技学校は経費が不要、ただし卒業後は本局で実務見習いを一年、地方電信局に三年の勤務が義務づけられている。『逓信《ていしん》教育史』によると、受験資格は英語ができること、とある。

露伴は次兄の郡司成忠宅に同居し、ここから新橋の学校に通った。

この頃のエピソードに、友人と爆弾を作り実験をしたら、思いのほかの威力で本人たちが驚いた、というのがある。寒暖計の水銀や桐炭《きり》を使ったというから、「博学」小僧の面目躍如である。しかし、卒業成績は二十名中の十五番、本当ですか？　である。不成績のせいか、見習い後、赴任先に指定された先は、遠方も遠方、北海道の余《よ》市《いち》電信局であった。

寒月

明治十八年、十九歳の露伴は単身、横浜から船で北海道に渡った。月給が十二円、任地手当が十八円という。手当の方が多いのは、僻地《へきち》を意味する。余市電信分局で、勤務についた。十等電信技手の資格である。分局には、正副局長と電報配達人が三名いた。

電信業務は暇だったらしい。露伴は本を読んで時間をつぶした。この余市時代が、文豪露伴の第二形成期に当たる。第一はどこかといえば、府立中学を中退した五年前である。この頃から露伴は、毎日弁当を持って図書館に通った。図書館がいわば学校である。

そこで淡島寒月《あわしまかんげつ》と出会った。日本橋の商家に生まれた寒月は、福沢諭吉に感化され、西洋にあこがれた。英語を学び、髪を赤く染め（茶髪の元祖）、留学を決意する。しかし向こうで日本の文化を質問されたら何も答えられないことに気がついた。西洋の知識ばかりを詰めこんでいたのである。あわてて図書館で日本の古典を勉強した。その頃忘れられていた井原西鶴に注目、愛読した。

親しくなった露伴に、西鶴文学のすばらしさを力説する。

疾と愁

露伴は電信技師として、北海道余市に、足かけ三年いた。明治二十年八月二十五日の朝、にわかに馬で余市を出立した。

「身には疾《しつ》あり、胸には愁《うれい》あり、悪因縁は逐《お》へども去らず」、将来に楽しき希望もなく、目前に刺激するものあり、「欲すれども銭《ぜに》無く、望みあれども縁遠し」、そこで「突貫して此《この》逆境を出」ようとした、というのである。衣服をたたき売り、蔵書を質に入れ旅費を作った。親しい二、三の者にだけ告げ、東京をめざした。

つまり、無断退職である。三年間の勤めが義務づけられている。もう少し我慢をすれば、年季が明けるというのに、一体、何が起こったのか？　「身には疾あり」とは何か。疾は病気だが、露伴は健康そのものである。何かを暗示しているとしか思えぬ。「悪因縁」も、不明である。

余市時代の露伴の動静は、よくわからない。金鉱を発見したとか、鮭《さけ》の捕獲法、養蚕、氷の販売などを土地の人たちに指導した、等の話がある。これで思いだすのが、二宮尊徳である。

文学の尊徳

北海道余市時代の露伴は、自らを二宮尊徳に擬《ぎ》していた節がある。養蚕や養豚、氷の貯蔵、発電などを、町の人たちに指導している。金鉱だけは、ぐずぐずしている間に、先に手をつけられた。アイヌの人たちとも交流している。酒も煙草《たばこ》も、この余市で覚えた。露伴が十九から二十一歳の年である。本もずいぶん読んだようである。読む本が無くなり、寺の住職から仏教書を借りた。東京からも新刊を取り寄せている。二宮尊徳を知ったのは、余市時代かもしれない。最初は、『二宮翁夜話』を読んだのではないか。明治十七年に第一巻が出ている。

露伴が、「少年文学」シリーズの一冊として、『二宮尊徳翁』を発刊したのは、二十五歳の時である。これを内村鑑三《かんぞう》が、「勧められない本」に挙げたことは、二宮の項の最後で言及した。内村が反発した理由を探るつもりで、露伴文学を読み始めたのだが、次第に、二宮尊徳が、近代文学に及ぼした影響というものを考えるようになった。露伴が、格好のモデルではないか。露伴は、文学の尊徳ではあるまいか。

西鶴熱

露伴は井原西鶴の文学にいつ接したか、である。大抵の露伴研究書には、北海道から戻ってまもなく、と記されている。

しかし、西鶴文学のもう一方の心酔者の尾崎紅葉は、露伴が北海道に赴任した年、とある。紅葉と露伴に西鶴を勧めたのは、淡島寒月に間違いない。とすれば、寒月は二人に同時に西鶴の良さを吹聴したはず、だけでなく強引に読ませただろう。露伴は北海道に渡る前、何冊か目を通していた、と推測する。

紅葉は西鶴に感動し、文章を書き写した。友人たちがそれを借り写本を作る。文学青年たちの間に、たちまち西鶴熱が高まった。

露伴は寒月から初めて西鶴を借りた時、こんな本を父に見つけられたら怒られる、と翌日返しに来た。そんなエピソードが残っている。西鶴は当時は春本の扱いをされていた、というより、露伴でさえ春本の類《たぐい》の認識であったのだ。

寒月は恐らく北海道の露伴に、西鶴本を送っていたのではないか。現在の値でせいぜい千円前後で売っていた。古本屋で買う人も稀だったのである。

社会改良

ところで、露伴はいかなる理由で、北海道を急に離れたのだろう？　坪内逍遥《しょうよう》の『小説神髄』が評判になり、こうしていられぬ、と文学熱をあおられたから、というのが文学史の見方だが、そうだろうか？

そもそも露伴は、どのようなつもりで北海道余市の赴任を受け入れたのか、だ。官命だから断れないのは確かだが、多少の意図が無ければ容易に踏みきれまい。そう考えるのが人情だろう。

私は露伴が二宮尊徳の心であった、と見る。小田原藩主の命《めい》を受け、下野国《しもつけ》（栃木県）桜町に赴く尊徳に、自分をなぞらえていた、と見る。だから余市で、さまざまの「事業」を考案し、土地の人たちに授けていたのではないか。

しかし、尊徳のように、事は順調に運ばない。寒月から送られてきた西鶴の本を読んでいるうちに、考えが変わった。西鶴の小説は、庶民のさまざまの職業や生活を描いている。自分のめざすべきは尊徳でなく、西鶴ではないか。社会改良は実業でなく、文章でなす方が自分の性に合っていまいか。

報効義会

詩人・高村光太郎に「郡司大尉」という作品がある。「郡司大尉の報効義会《ほうこうぎ》のお話を／受持の加藤先生が教室でされた」という、下谷小学校での思い出を詩に作った。光太郎が十一歳の明治二十六年に、幸田露伴の次兄・郡司成忠が、隅田川からボートで千島列島に向かった。ところが何艘《そう》かのボートが金華山沖で難破した。遭難者の中に、下谷小学校の卒業生が一人まじっていた。

そのことを先生が涙ながらに語り、生徒たちももらい泣きした。「身を捧げるといふことの／どんなに貴《とうと》いことであるか」先生が説き、生徒も興奮してそれを聞いた、という自伝詩である。

露伴は北海道に渡る前、海軍大尉の次兄宅に同居していた。二人の姓が異なるのは、兄は郡司家に養子に入ったからである。

報効義会は、退役軍人を集めて郡司が結成した、北方警備と千島開拓のための団体である。報効は恩に報いて力を尽くすことだが、開拓事業については、郡司に二宮尊徳の心像があったのではないか、と見る。報効と報徳。露伴は兄から計画を聞いていなかったか。

千島へ

樋口一葉の明治二十六年三月二十日の日記に、「北航端艇《ボート》・隅田川に発程《ほってい》す」とある。これが幸田露伴の次兄、郡司成忠がひきいる報效義会の千島開拓出発である。

一葉は四月一日より読売新聞を購読し始めた。恐らく郡司一行の様子が知りたかったのだろう。仁俠《にんきょう》の徒や冒険男児を好んだ女性である。郡司大尉のボートが暴風雨にあい、一艘が行方不明になった。一葉は不安げに日記に書く。

郡司大尉が負傷、いや変死、いやいや自殺と新聞報道のめまぐるしさ、そのつど一葉は胸を痛め、胸をおどらせる。そして郡司は遂《つい》に千島列島の一つ択捉《えとろふ》に辿り着く。

一葉はこう記す。

「北海道は紳士の遊び処《どころ》にあらず。此《この》人々はまこと身をすてゝ邦《くに》に尽さんとする人々ぞかし」

幸田露伴は郡司の計画を聞き、自分も及ばずながら助力したいと考え、電信を習得し、北海道に向かったのではなかろうか。

二宮尊徳の名も兄から聞いた。郡司のやろうとする千島の拓殖は、まさに二宮尊徳の荒地開墾と同じである。尊徳の気構えと手法を学んだろう。

命名者

「報効義会」の命名者は、主宰者の郡司成忠と筆者は思い込んでいたが、当時の新聞記事を丹念に拾っていたら、そうでなく、明治天皇であった。「聖意を奉戴《ほうたい》して団体を報効義会と命名す」とある。天皇は二宮尊徳伝『報徳記』に感動なされた方である。報徳の文字を想起されたであろう。

時の宮内《くない》大臣、土方久元《ひじかたひさもと》が郡司に命名書を与えた。文にいわく、千島拓殖は容易であるまい、「只堪忍《ただかんにん》の一事能《よ》く其《その》功を奏す可《べ》し勉《つと》めよや報効義会……」。困難にひたすら耐えることが成功の道、とは尊徳の教えでもある。

幸田露伴の甥の高木卓に、『郡司成忠大尉』という著書がある。生活社という出版社が、「日本叢書《そうしょ》」という書き下ろしの教養書を出していた。中谷宇吉郎《なかやうきちろう》の『霜柱と凍土』、谷川徹三《たにかわてつぞう》の『雨ニモマケズ』、阿部次郎の『万葉人の生活』などである。

叢書の三冊目が高木の著書であった。三十ページ二段組み、紙を二つ折りしただけの粗末な本で、それも道理、昭和二十年、終戦四カ月前の発行である。

カット

露伴の甥の高木卓は、昭和二十年当時、第一高等学校の教授であった。この年四月二十日発行の著書『郡司成忠大尉』は、伯父（郡司）の手記をもとに執筆したと思われる。本書によって、郡司成忠の千島開拓のてんまつを紹介する。

郡司の一挙は、福島安正《ふくしまやすまさ》の単騎シベリア横断旅行や野中至《のなかいたる》の富士山頂冬期気象観測、河口慧海《かわぐちえかい》のチベット潜入旅行、白瀬矗《しらせのぶ》の南極探検と共に、「明治の五大冒険」（異論がある）として歴史に刻まれているが、現代の私たちには、いずれもはるか昔の話で、詳細を知らない。特に郡司の千島行は、出発が華々しく、当時の小説にも採りあげられていて有名だが、結果がどうなったのか、よくわからない。

南極探検の白瀬も、最初から郡司と行動を共にした人なのである。そして探検に用いた船は、郡司の「第二報效丸」を改造したものだった。

郡司はなぜボート遠漕を企画したのだろう？　これは簡単な理由であった。帆船が入手できなかったからである。

ところで一行の途中遭難について、本書には書かれていない。明らかにカットされている。

死せり

『郡司成忠大尉』で遭難の場面が、なぜカットされたのか、理由はわからない。著者の高木卓は執筆したのだが、出版に当たって削除したようである。文章がうまくつながらないところをみると、まるまる一章分を外したらしい。海軍か、遺族に遠慮したのだろう。遭難者は十九名、とある。

結局、ボートによる千島行は断念、海軍の軍艦に曳航《えいこう》され函館についた。熱狂で一行を見送った国民は、落胆と白眼で迎えたという。郡司は、汽船で択捉島に渡る。定期航路の終点で、千島列島中の最大の島である。

「あゝ、郡司はすでに死せり。千島の拓殖、功を奏するに至らば、即《すなわ》ち郡司あらためて活《い》くるなり」

高木は郡司の手記を引用する。郡司は妻子を択捉島に呼び寄せた。

一カ月後、千島北部のシャスコタン島へ硫黄《いおう》の試掘に行く船と交渉し、郡司ら一行のうち男だけ十八名を便乗させてもらう。そこから占守島《しゅむしゅ》に送ってもらう約束だったが、硫黄が出ないので船主は引き返すと言う。いや島に残るという者が九名出た。郡司はやむなく別行動をとることにした。

占守島

仲間九人をシャスコタン島に残し、帰航する硫黄試掘船に乗った郡司は、海上で偶然、軍艦と行きあう。なんと、遭難後、ボートを曳航してくれた軍艦「磐城《いわき》」である。艦長に占守島に連れていってくれるよう、懇願する。さいわい聞き入れてもらえた。郡司らが用意した越冬用の食糧や漁具などが、軍艦に積み移される。願いついでに、シャスコタン島への寄港も加えたが、これは拒絶された。軍艦はまっすぐ占守島へ進み、やがて片岡湾に入った。隅田川を漕ぎだしてから百六十四日目である。予定より約三カ月遅れた。

郡司は記す。「あゝ、わが子占守、われ今きたる。今より決して汝を他人の手にはかけまじ」

明治八年、榎本武揚《たけあき》が特使となり、ロシアと国境画定条約を結んだ。これがいわゆる樺太・千島交換条約である。樺太はロシア領で、千島列島のうち、得撫《うるっぷ》島以北の島々は、日本領と決めたのである（第二次大戦後はロシアの管理下にある）。

明治二十六年当時、千島は無人の島で、密猟船の巣であった。郡司は国益を考えた。

実父登場

明治二十六年八月三十一日、郡司成忠ら九名は占守島に上陸した。

穴小屋を造って、冬ごもりの準備を進めた。九月に軍艦磐城が島の測量を終えて、占守を離れた。東京朝日新聞記者の横川省三《よこかわしょうぞう》と医師の二人が仲間と別れ、磐城で帰ることになった。横川は隅田川出発からずっと郡司と行を共にし、朝日に「短艇遠征記」を書いてきた。通信の任務が終わったための離脱だが、もう一方の人の理由がわからぬ。何しろ医師がいなくなるのだから、郡司たちが落胆しただろうことは想像がつく。

十月に入って雪が降りだした。食事はカユか雑炊《ぞうすい》に海藻汁、コンブやアザラシの煮つけだった。米と味噌の他は、現地で収穫し保存したものである。明治二十七年元旦は、穴小屋前に国旗を掲げ、薬用アルコール数滴を、屠蘇《とそ》がわりに祝った。厳しい冬が過ぎ、六月、磐城がやってきた。一同に引き揚げの内命があったことを伝えにきた。

船には意外な人物が乗っていた。郡司の実父、幸田成延《しげのぶ》である。成延は郡司が引き揚げたあとの島を守るため、はるばるやってきたのだ。

再び占守へ

ある。

郡司成忠の実父（すなわち幸田露伴の父である）成延は、新しい報效義会員五人を連れていた。郡司の代わりに占守島を守る、と言うのである。成延はこの年、五十五歳である。

結局、郡司は父でなく、白瀬矗中尉に新しい会員五人と残ってくれるよう頼み、越冬体験者五人と（父も）東京に戻った。報效義会保護案が、折から国会に提出されたので、郡司が占守島の実情を説明する必要があった。

ところが日清戦争が勃発する。郡司は召集を受け、出征する。かくて第一回の千島行は、不本意に終わった。島に残った白瀬ら六名のうち三名が、飢餓と病で死んだ。白瀬は北海道長官による気転の帆船で助かった。シャスコタン島の九人は、全員が悲惨な最期をとげた。

明治二十九年九月、郡司は再び占守島に向かう。報效義会員とその家族をひきいて、雇い入れた汽船五洋丸に乗った。男四十三名、女十四名、計五十七名という大集団である。郡司夫人のかね代も子どもと参加している。夫人はすでに会員たちと択捉島で二年間、越冬訓練の生活をすませていた。

不審船

占守島が雪に閉ざされる前に、報効義会員五十七名の住居と食糧を確保しなければならない。郡司成忠の指揮で、一同は越冬準備を急いだ。

まず八棟の家屋が建てられた。北海道開拓の屯田《とんでん》兵たちの家屋を模した。屋根は材木の切れ端を用いた木端《こっぱ》葺《ぶ》きで、壁は寒気を防ぐため二重の板張り、そこに何枚も壁紙を重ね貼りした。

三棟を妻帯者用に、一棟を学校と集会場、残りを独身者の住居と病室にした。棟は二列に向きあって建てられた。郡司は六畳間に妻子と起居したが、やはり狭い。

深い雪に閉ざされて、明治三十年を迎える。正月から病人が増え、体がむくみ、二月に五人が亡くなった。五月、雪が解け黒土が現れた。畑を作り、野菜の種をまく。

六月、郡司ら男たちが、片岡湾の本拠から別飛《べっとび》という所の視察に出かけた留守、四百トンほどの外国船が入港した。乗組員が上陸し、報効義会の女や子どもたちをからかった。折よく郡司が会員一人と帰ってきて咎《とが》めると、水を補給したいと言う。水は提供する、ただし二十四時間以内に出港せよ、と条件つきで応じた。

発砲

不審な外国船は、約束を守らぬ。英語のできる報效義会員二名が、船長と談判した。船はセント・ロオレンス号と判明したが、船長は身元を明かさぬ。どうやら密漁船らしい。交渉中も、彼らは海藻や魚を勝手にとる。領土と領海侵犯である、と抗議したが、彼らは無視した。

郡司は戦闘を決断した。武器は古い大砲三門と、小銃十二挺《ちょう》のみ、男子は別飛に出張しており、数人しかいない。郡司はまず小銃を不審船の船尾に発砲させた。船長たちは驚いたようだが、出帆しない。

翌朝も、いぜん動かぬ。再度発砲したが、変化はない。夕刻、郡司はやむを得ない、と大砲の準備をした。一方、別飛に急を知らせる。

翌早朝、別飛の会員が駆けつけた。とたんに、不審船が動きだした。逆襲と取った郡司は、大砲と小銃をいっせいに発砲させた。一発も当たらなかったが、船は逃走した。かくて何事もなく終わった。

しかし占守島の生活は、以後も厳しい日々が続く。仲間割れなども起こる。詳細は、豊田穣氏の遺作『北洋の開拓者』(講談社)を、是非ご一読願いたい。

投機心

占守島の報效義会員たちは、やがて会の運営をめぐって対立する。結局は、利潤である。大量の脱退者が島を去った。

郡司成忠は日記に書く。「報效義会の方針は、投機心を除き小をつみて大をいたすにあり」うんぬん。これ、二宮尊徳の教えではあるまいか。

そこに日露戦争が起こる。開戦を三カ月余も知らなかった郡司は、それだけにあせった。大砲と銃、食糧を漁船に積み込み、会員十八名と、ロシアのカムチャツカに向かった。軍人の血が騒いだのである。そして行方不明となる。郡司はロシア軍に監禁される。占守島の会員も引き揚げを決めた。

戦争が終わった。講和条約が結ばれ、郡司が主張していた日本の北洋漁業権が認められた。郡司も無事帰国する。

郡司の弟、幸田露伴は、報效義会の計画を以前、兄から聞かされていた。千島開拓の主意書を修正させられたし、果たして海軍が協力してくれるものか、懸念も率直に伝えた。海軍が軍艦を貸与してくれぬとわかった時、兄は今更引っ込みがつかなかったろう、と推量している。

未完の長篇

幸田露伴という作家は、身内のことを語りたがらない。自分をさらけださない人だから、性分なのだろう。兄の郡司成忠についても、まとまった文章を残していない。

昭和十四年に出た広瀬彦太著『郡司大尉』に跋文《ばつぶん》を寄せている。この中で千島出発の事情を、わずかに語っている。海軍が軍艦を貸してくれないので、ボートでの遠航を決断したのは、準備が完了しており引くに引けなかったからだろう、と推測している。自分はあきれた、とある。しかし世人は喝采《かっさい》した。敢行せざるを得ない。露伴は兄のボートに同乗し、横須賀まで行った。別れる時、涙が出た。

郡司が占守島で奮闘している明治三十六年、露伴は読売新聞に長篇「天《そら》うつ浪《なみ》」を連載していた。日露戦争と、郡司がロシア軍に捕虜になった事情などで、一時中断した。やがて再開されたが、完結には至らなかった。以後、露伴は長篇小説を書いていない。

露伴文学に兄の千島拓殖は、どのような影響を及ぼしているか、探ってみたい。本人が語らないので、よけい、そそられる。

日本叢書

幸田露伴の甥の高木卓著『郡司成忠大尉』は、昭和二十年四月二十日に、生活社の「日本叢書」第三番本として発行された。終戦四カ月前である。新聞用紙を用いた粗末な三十ページの冊子だが、この叢書には末尾（あるいは表紙裏）に、「出版理念」が印刷されている。

「われわれを生み育ててくれた日本　この日本のよいところをもつとよく知り、良くないところはお互いに反省し（略）正しく強く伸びて行くもととなり力となる　そんな本をつくりたい」

発行人の鉄村大二は、「防空壕《ごう》の中でも読める本」を念頭に、「日本叢書」を企画した。持ち運びが便利なように、二つ折り、または丸められる厚さにしたわけだ。厚紙を使わず、本文用紙を表紙にした。鉄村は物理学者の中谷宇吉郎と親しく、それで叢書の第一番本を中谷の著作にした。本は粗末だが内容は高度なものを、と鉄村は中谷に語り、戦争が終わったらあなたの本をきちんとした装幀《そうてい》で出す、と約束した。敗戦を予想していたらしい。しかしその前に急逝した。「日本叢書」は存続した。

仙書の研究

　生活社の「日本叢書」は、研究書あり哲学あり文学あり水産学あり、さまざまな分野の、著名な筆者を揃えている。小冊子であるから、教養を旨とした、まあ入門書のような内容といったらよいだろうか。小説もある。若い田中英光《たなかひでみつ》から、長老の上司《かみつかさ》小剣《しょうけん》まで網羅されている。幸田露伴も企画に上っていたのではないか。露伴の小説でなく、研究あるいは評伝である。それが発行人の急死で頓挫した。

　そう推測するのは、日本叢書の第一番本が中谷宇吉郎であり、三番本が露伴の甥の高木卓だからである。中谷と発行人は親しかったから、この叢書の執筆者選定も、何らか中谷の案が入っていたに違いない。中谷は寺田《てらだ》寅彦《とらひこ》の愛《まな》弟子であり、寺田は露伴と交友関係にあった。中谷も露伴をしばしば訪ねている。これは露伴の死後だが、露伴が昭和十六年に発表した「仙書参同契」について、中谷は詳細な論文を書いている。参同契というのは神仙道の書名である。露伴はこのような研究もしていた。日本叢書にふさわしいものを書いてもらったらどうだったろう。

収集癖

露伴の六歳下の弟・成友《しげとも》に『番傘・風呂敷・書物』という、妙な書名の著書がある。いずれも紛失したり、人に貸すと戻らぬ品物なので、所有者の名を入れなくてはならない。

番傘は、説明が必要だろう。昔、大きな商家ではにわか雨に店の傘を客に貸した。傘には大きく屋号と番号が書いてある。番傘という名称はここからきた、と成友は言う。店の宣伝に利用したわけだ。

成友は史学者だが、冒頭の書は、書物エッセイ集である。小学生の時から上野図書館に日参した無類の本好きであった。東京帝大史学科を出ると、市史編纂を依頼され、大阪市役所に勤めた。本箱一つ持たずに赴任したが、八年後に市史を完成させ、大阪を引き揚げる際には、四トンの貨車一台分の古書を収集していた。大半は大正十二年の大震災で焼失した。

書物を好み、収集する性格は、露伴に似ている。金に飽かして集めるのではない点も共通である。

露伴は和讃《わさん》（七五調の仏教歌）研究のため、これの刷り物を収集したが、値が安い物だけに容易に見つからず難儀した、という。

苛漢

史学者の幸田成友は露伴の弟であるが、貴殿の文章を教科書に収めたいからご承諾願いたい、と手紙が来た。その文章なるものに心当たりが無い。拙著の書名と文章の載っているページを教えて下され、と返事した。折り返し手紙がきて、貴殿の兄上と間違えました、とおわびがあった。

成友の著『日欧通交史』の序文に、こうある。本書は講義案を訂正浄書して公刊する。従って入門書のような内容だが、本文に煩わしいほど註釈《ちゅうしゃく》を加え、引用書目やページ数を掲げているのは、この入門書によって更に高きに登らんとする読者のために、「自分の嘗《な》めた苦い経験に懲《こ》りて」「道しるべ」の木標を建てんと考えたからである、うんぬん。

成友は後進に論文の孫引きを戒め、必ず原本に当たるよう勧めた。

筆者にも孫引きでこんな経験がある。某氏が父を語って「苛漢」と称した、と伝記に出ていた。苛漢とは苛酷《かこく》な漢《おとこ》で、厳しい人という意味だろう。独り合点でそのように説明した。後に某氏の原文を見たら、苛漢でなく奇漢だった。

珍饌

今年初めて、サンマを食べた。不漁で高価と聞いて恐れをなし、控えていたのだが、手頃の値段になったようだ。ただし、身はやせていて脂の乗りも今ひとつである。

露伴が、サンマと鮎《あゆ》は「エモチ」が大事で、ほろ苦さが本当の味、と言っている。「エモチ」から魚は腐るが、これを取ったらおいしさが無くなるという。いわゆる腸《はらわた》のことだと思うが、サンマの苦味は私は苦手で、本当の味をいまだに味わっていない。

露伴に「珍饌会《ちんせんかい》」という作品がある。全集では「戯曲」の巻に収録されているが、セリフだけでつづられた小説という方が妥当だろう。珍饌とは、珍しい料理のことである。

大抵のうまい物に食いあきた連中が、正月の慰みに、奇々妙々の珍料理を持ち寄って食べ比べようという、馬鹿げた趣向を催す。人がまだ口にしたことのない物を食おうではないか。ただし下品な物食えぬ物を持参したら、罰として水を一升飲ませる。もうちっと物の味を覚えてこい、と味の源である水をという理屈である。

さて、どんな料理が集まったか？

イカモノ

若い頃、五、六人集まると、「闇鍋」というものをよくやった。金が無い時の知恵である。各自五百円、鍋の材料を買い出しに行く。人数分ゆきわたる量がなくてはならない。全員がモヤシを持参したことがあった。豆腐とコンニャク、春雨だけが集まったことがある。これにこりて、五百円のうち二百円は肉代にあらかじめ徴収することに決めた。肉が無くては、ごった煮もうまくない。私は白菜を買った。ある時はニンニクを、ある時は大葉、ある時はユズで、鍋には薬味が歓迎されることを知った。少量で皆が満足する。

幸田露伴の「珍饌会」は、あらゆる珍味を食べ尽くした者たちが、まだ口にしたことのない物を持ち寄ろうという話だから、当然それらはイカモノである。

猿の唇だの、蝸牛《かたつむり》料理、マムシ酒、ツグミの腸の塩辛だの、いろいろ出る。一座をあっと言わせるため、図書館に通って変わった料理の本を調べる者もいる。この者が最後に饗《きょう》した料理は、イカモノ食いのつわもの共も逃げだした。鼠《ねずみ》の子に蜜をかけたものだが、実は鼠はシンコ細工という落ちである。

ヒナタネコー

『露伴全集』十二巻「戯曲」篇には、「術競《じゅつくら》べ」という、これも対話形式の短篇が収められている。「珍饌会」同様、ユーモア小説である。露伴文学の一分野で、明治三十八年一月作。

若様のこまった道楽が催眠術で、人に試したくてしょうがない。こんな呪文を唱えて眠らせる。

「ウルマノヲトコハイモクテネー、コクリノヲトコハパパスーテネー、トラネルサウネルワツパネルー、トンネルバンネルフランネルー、オーライ、ウトーリ、ヒナタネコー（最後の節は三度くり返す）」

でたらめの文句のようだが、そうではない。ウルマは宇流麻で、琉球の古名（また台湾ともいう）、芋食って寝、コクリは高句麗（古代朝鮮の国名で高麗《こうらい》ともいう）の男はパパ（パッパ。幼児語でタバコ）吸って寝る。虎寝る、壮（若者）寝る、ワッパ（男の子）寝る、か。

バンネルが不明、ウトーリはウトウトで、日向猫《ひなたねこ》だろう。催眠術の呪文だから、寝るが基調になっている。博識の露伴らしい文句だが、まじめな顔でこれを創作しているのがおかしい。

どぢとどぢ

若様が催眠術に凝り、皆が迷惑する話は、幸田露伴作「術競べ」。いろんな呪文が登場する。奇怪な文言は前回紹介した。こんなわかりやすい文句もある。「ビールビール、スッポン、アアワーブクブク、ノーンダラヨカラウ、ウマカラウソハカ、ゴクリ〳〵」

スッポンは開栓の音だろう。アアワーは泡、ソハカは仏教語で、功徳《くどく》あれの意、アビラウンケンソハカを洒落《しゃれ》たのである。

若様はおつきの娘に術をかけ、娘はかかった振りをする。歌を所望され、仕方なくこんな歌を歌う。

「お前もーどぢーなら、妾《わたし》もーどぢーで、どぢーとどぢーで抜《ぬけ》ー裏《うら》だ」

抜裏は、通り抜けられる裏道である。どぢは、どじを踏むのどじで間抜けのこと、路地に掛けていて、それで抜裏となる。もう一つ、これも露伴の作だろう。

「お前も馬鹿なら妾も馬鹿で、馬鹿に仕合《しあ》ふも馬鹿々々し」

露伴の二人の妹は共に東京音楽学校の秀才で、文部省より外国留学を命じられた。わが国洋楽の開拓者だが、妹たちの証言によると兄は歌唱はまずかったという。

無銭旅

明治二十年、北海道余市電信局員の幸田露伴は、突如、職務放棄して、東京に帰った。船で青森に出て、そこから人力車と徒歩で東京に向かったのである。仙台に着く頃、ついに無一文になった。知人に金を借り、馬車で福島に行った。

一泊すると、汽車賃が無くなる。郡山まで夜道を稼ぐことに決め、疲れて途中地べたに寝た。その時詠んだ句。「里遠しいざ露と寝ん草枕」。この句から露伴という号が生まれた。露と同伴、である。明け方の郡山発に乗車し、午後、足かけ三年ぶりに東京に帰った。

この旅のひとコマを長篇詩につづっている所に、ジャーナリストの徳富蘇峰《とくとみそほう》が訪ねてきた。露伴は書きかけの原稿を読ませた。

「我こそは旅の意気地を　立て通す　茶人《すねもの》なれと　誇りつゝ、誇りつゝ、馬にも乗らでとぼ〳〵と唯ひとり……」という詩である。

畑の中に寂れた一軒の店があった。何も無い。お握りは持っているが、菜になる物は何も無く、茶だけ出してくれた。老女がどういう旅か、と問う。風流の修行だと答えると、芭蕉のまねかと言う。

歌に心を

片田舎の、さびれた茶屋の老女の口から、芭蕉の名が出たから、露伴は驚いた。芭蕉だけではない。西行《さいぎょう》の名や業平《なりひら》の名も飛びだした。話せる相手と見て、露伴は打ち明ける。芭蕉が歩いた枯野に、今は汽車が走る。西行が眺めた富士は、噴火した。変化した世に、「建立《こんりゅう》すべき　新体の　歌に心を　委《ゆだ》ぬるが、即ち我身の　修行なり」。

老女には愛する一人息子がいた。仙人になりたいと「変な書《ほん》を読みくさつて、ヘボ理屈　云《い》ふことが名人で」そんなところは、お前さんにそっくり。息子は仙人を探すつもりか家出して、行方知れずである。たぶんお前さん同様、「世の中のむだみちをぽく〳〵と　あつち比方《こち》あるきちらし」ているのだろう。

と、ここで詩は中断している。

作家を志した当時の心境を、自虐まじりにつづるつもりだったのだろう。筆者はこの未完の詩に、露伴の本音を読み取る。老女の愛息のように、仙人になるのが夢でなかったか。そのための猛勉であり、万巻の書を読破したのでなかったか。現に神仙道の研究もしている。

正比例

露伴の文業は、小説、随筆、詩、評論だけではない。わが国の文学者で露伴くらい、あらゆる種類の作品を創作した人はいない。

落語も作った。笑い話も書いた。ユーモアは露伴文学の特徴の一つだから、短いものを紹介しよう。

明治二十六年の作、原文のままでなく要約。

饅頭《まんじゅう》を食べたが四個食っても飽き足らず、五つ六つ食えど猶《なお》飽かず、次の一個の半分食いて初めて腹一杯となる。ええ惜しいことをした。前の六個は無駄だった。

ある国の王、初めて得た子を喜び、早く成長させたい、何か方法はないか。一人の医師、特別の薬があります、しかし薬は遠国にあり時間がかかります。どのくらいかかる？　まず十二年程。「よしようい奴、早々往《はやばや い》けい」

合資会社を興《おこ》し酒を醸《つく》らん、君は米を出せ、僕は水を出す。ムム、して酒ができたらどのように分配する？　「さればさ、資本と利益は凡《およ》そ正比例であるべき理だから」水のようなものは僕の所得とし、固形物の類《たぐい》は君の所得としよう。

百数十年前の笑い話と思えぬ。

畳み舟

露伴の、数々の文業を紹介する。まず、ユニークな辞書を編んでいる。「水上語彙《ごい》」という。

明治二十六年、露伴は中国側から見た、いわゆる「倭寇《わこう》」（日本の海賊船）の小説を書こうとして、これの資料を収集した。片っぱしから読んで、メモを取った。

小説はついにできなかったが、一冊分のメモが残った。辞典のように項目をアイウエオ順に整理し、明治三十年に先の題で発表した。

内容は倭寇関係だけではない。船や海や川や気候に及ぶ。わが国は海国でありながら、船や操船を記した本が乏しい、と序に記している。読みようによっては、小説のように面白い。「舟軍《しゅうぐん》の法度《はっと》」の項がある。舟で戦う際の規律で、古桶《おけ》や古むしろが水に浮かんでいたら、つぶてを投げて確かめろ、とある。敵が潜んでいるからである。敵が逃げる際に貨財を海に投げるが、絶対に取りあげるな、とある。「投げ餌」だからである。

「畳《たた》み舟《ふね》」なる物があった。軍《いくさ》に携行する折り畳み式の箱舟で、並べて棒を渡せば、舟橋にもなる。

おそめ風

江戸時代、「おそめ風」と呼ばれる風邪が流行した。猛威をふるったらしく、人々は恐れて「久松《ひさまつ》るす」と記された御札《おふだ》を玄関に貼った。そういう魔除《まよ》けの札が売られたらしいのである。

おそめ風の由来が、知りたくなった。おそめ久松、といえば、歌舞伎や浄瑠璃、新内《しんない》などで有名な、大坂の油屋の娘と丁稚《でっち》久松の情死事件である。しかし、なぜ娘が風邪と関係があるのだろう？

こういう俗事は、博覧強記の露伴先生に伺うに限る。何しろ女性が船に乗る際は、どちらの足を先に船にかけるか、決まりがあるという。着物姿で乗船するため、それなりの心得が必要らしい。

先生に「当流人名辞書」というユニークな辞典がある。ぬけ作だの三太郎だの助兵衛などの、人名由来が出ている。おそめの項もあり、流行病いんふるえんざを謂《い》ふ、とある（明治三十三年の記述）。おそめ風、おそめに憑《つ》かれた、などと言うが、由縁は不明。東京語とある。厖大《ぼうだい》な資料を漁《あさ》った末の結論だろうから、これ以上の調査は無駄と打ち切った。

金ちゃん

夏目漱石は本名を金之助という。子どもの頃は、金ちゃんと呼ばれ、悪童どもに、甘い甘いとからかわれたらしい。うで小豆《あずき》売りがいて、公《きん》ちゃん甘い、と節をつけて売り歩いていたからである。

露伴の「当流人名辞書」に、「公時《きんとき》」の項があり、紅色で肥え太っているので、金太郎こと坂田《さかたの》公時、小豆の名、と記され、売り声も出ている。公ちゃん甘い、ほやほやと甘い、でこ入り公ちゃん、砂糖入り公ちゃん、とある。でことは何か不明だが、なるほど、子どもが囃《はや》したてそうな文句である。

漱石に『三四郎』という作品がある。主人公の名を題にしているが、明治の青年にしてはハイカラな名である。早稲田南町の漱石宅の近所に、田中三四郎という物理学者がいた（評論家・石垣綾子の父）。漱石は散歩の折、この標札を見ていた、という説と、魚屋の屋号（近所にあったらしい）を拝借した、という説がある。

露伴の「辞書」では、三四郎は遊民が用いる語で三味線のこととある。三四郎の友人、佐々木与次郎はどうか。

与次郎

夏目漱石の小説『三四郎』は、主人公の名前だが、露伴の「当流人名辞書」によれば、三四郎は遊民の輩《やから》の用いる語で、三味線のことという。漱石がこの隠語を先刻承知で、主人公の名に用いたとすると、きわめて意味深である。なぜなら小説の三四郎は、異性にウブで、相手に望まれると引いてしまう。道楽にうつつをぬかす遊民とは全く逆な、まじめ男である。

三四郎の友人に、佐々木与次郎なる軽薄な学生がいる。宮本武蔵と対決する佐々木小次郎をもじったらしい。漱石は若い頃、寄席通いをし、落語や講談に親しんだ。

こんな話がある。英語の授業で、教科書にコンドウ（condor）とある。漱石が生徒に辞書を引かせたら、アメリカ産禿鷹《はげたか》と出ていた。そこで「姓はコンドウ、名は禿鷹」と言った。姓は近藤、名は勇《いさみ》の洒落で、当時の無声映画の文句だが、漱石先生は声色《こわいろ》を使ったらしい。

ところで、露伴の先の辞典には与次郎兵衛、これが訛《なま》って弥次郎兵衛といい、棒の両端に重しをつけ平衡を保って倒れぬ人形、釣合《つりあい》人形で与次郎とも言う、とある。小説の人物とは、これも逆。

うで小豆の売り声、「公《きん》ちゃん甘い、でこ入り公ちゃん」の「でこ」だが、筆者思うに「てんこう」が訛ったものでないか、と考える。砂糖の一種で、赤みがかった天光を、てんこ入りと略して言っていたのが、いつか、てこ入りとなり、やがて、でこ入りと濁ったのではなかろうか。

露伴の「当流人名辞書」には「金《きん》ちゃん」の項もあり、客のことをいふ、とある。水商売の者が用いたのだろう。客は金を運ぶ人だが、露骨にそうと口に出せない。隠語に違いない。露伴は当辞書の補遺《ほい》を書いている。「三四郎」に次の文を加えた。「一説に、三四郎は古《いにしえ》の能《よ》く三弦《さんげん》を弾《だん》ぜしものの名なりといふ」

三味線のことである。

明治二十三年、露伴は「旅天律《りょてんりつ》」なる戯文を発表した。旅行の注意である。「一、都《すべ》ての人に和《やさ》しくすべし」喧嘩は禁物である。争いに勝っても、「松並木の間を通る時殊《こと》の外《ほか》恐ろしきものなり」。

「知らぬ女一人と道づれになるまじきこと、辻堂に煙草《たばこ》一服の所危《あや》ふし〳〵」抜け道を行きなさい。迷っても大抵生きて帰るもの。但《ただ》し午前に限る、と。

めでたし

正月の遊びといえば、昔はカルタと決まっていたが、今はどうなのだろう。著者が小学生の頃は（半世紀以上も前である）、いろはガルタで、「い　犬も歩けば棒に当たる」の絵札には、その文句通りの絵が描いてあって、子ども心に馬鹿げていると思った。犬は番犬だから、棒は泥棒の略だろうと考えたのである。泥棒に当たって（ぶつかって）ほえている図が正しい、と思った。いずれにせよ、この文句の解釈の決め手は無いらしい。

幸田露伴も、いろはガルタを作っている。大人向けのカルタである。「戯評《ぎひょう》長唄文句　新撰《しんせん》いろはがるた」という。

「いずれ丸かれ候《そうろう》かしこ　吉原雀《よしわらすずめ》」とあり、長唄の「吉原雀」の末尾の文句に、「角《かど》立《たた》ぬ女文字めでたし」これが戯評、女文字は平仮名のこと。

有名な「娘道成寺《むすめどうじょうじ》」からは、此鐘怨《このかねうら》めしやとて、に続く文句を取った。「龍頭《りゅうず》に手をかけ飛ぶよと見えしが」

恋人の僧が鐘の中に隠れたのである。

娘は吊《つ》り鐘の頭部の龍の形に手をかけた。

露伴の戯評は、こう。「かね故《ゆえ》ドロンと消《きえ》にけり」

浮世の荒浪

明治二十五年から二十六年春にかけて、幸田露伴は、現在歌われている全国のわらべ歌を集めた。更に昔のものをも探し、数百ほど収集した。分類をし統計をとり研究をするつもりだったらしい。残念ながら未完成に終わったが、十二ばかり紹介している。

「夏去り冬来る年毎《としごと》に、頓《やが》て大人になりぬれば、浮世の荒浪渡る児《こ》よ、今は心もゆるやかに、妾《わたし》の床《とこ》にて寝《ね》ねしよ」

古い子守歌を理不尽として、新しく作ったものだろう、と言う。

またこんな童謡も。「一ツとや光り輝く吾《わ》が身体《からだ》、磨き〳〵て世を過《すご》せ」

金銀で造られた像が、鋳物《いもの》師に向かって歌っているようで馬鹿らしい、と評している。

収集した歌稿は現存しないのだろうか。伝承の歌詞より、当時の「新作」童謡の方が面白い。世相が窺《うかが》えて貴重である。

露伴は、関東と関西の「いろはがるた」の文句も比較し評釈を加えている。東で「老ひては子に従へ」は、西では「負ふた子に教へられ」で、「塵《ちり》積つて山」は、「地獄の沙汰も金」という風に東西で異なる。

幼稚園

露伴は、論文も書いている。昭和五年四月刊『露伴全集』第七巻は、「論文」篇である。『努力論』等四篇収められている。

中の一篇「一国の首都」は、明治三十二年に執筆された東京改造論で、首都の善悪は全国の町に直接に影響を及ぼす、首都の住民の好みは、やがて全国民の好みとなる、思想も然《しか》り、従ってわが国の首都である東京を軽く眺めてはならぬ。東京は国民の健康度を計る検査器ともいうべきもの、東京は国民の代表なのだ、と。

露伴の論は、上下水道から公園、警察、銭湯、遊郭に及ぶ。なにぶん明治の東京に対しての提案だから、二十一世紀に生きる私たちには通じない事柄が多い。

しかし神社の境内に幼稚園を設けよ、というこんな文章に、露伴の新しさを見る。「国家に功労ありし者の神とせられて祭祀《さいし》さるる」所に、「無垢《むく》の児童、即ち未来に於《お》いては神たるべく、現在に於ては神の児《こ》たる児童」の為《ため》の園はふさわしい。ただし、神社に営利事業を勧めていると誤解しないでほしい。うんぬん。

三つの福

露伴の『努力論』で教えられたのだが、「惜福《せきふく》」という言葉があり、惜しくも福を逃すことでなく、自分の福を惜しみながら使う意だそうである。使い尽くしてはいけない。使い残した福を、人に分かつ。これを、「分福《ぶんぷく》」という。

群馬県館林市の茂林寺に分福茶釜《ぶんぷくちゃがま》伝説があるけれど、あれは汲《く》めども尽きぬ湯釜である。ついでにもう一つ余談だが、分福茶釜という名のウニ（海産物）がいて、これはブンブク目ブンブクチャガマ科のウニ、と『広辞苑』に出ている。誰が付けた学術名なのだろう?

話を元に戻す。ナポレオンや平清盛には、分福の工夫があったが、源頼朝には無かった。徳川家康は惜福の工夫で秀吉に勝り、分福の工夫においては秀吉が優れていた、と露伴は言う。わが福を衆人に与え、衆人の力で得た福をわが福とする。これが上に立つ者の器量である。更に、植福《しょくふく》がある。福を分かったら、福を植えなくてはいけない。一人でなく万人を幸福にすべく、できる限り多く植える。そのための努力である。

陰徳家

露伴が坂を下りかけていたら、下から荷を満載した車を、難渋しながら引いてくる姿に出会った。車のあとから二人の学生が現れた。一人が荷車の停滞を見て、ごく自然に車の後ろを押した。車はかろうじて動いた。

ところが、もう一方の学生が、こう言って冷やかした。「やめろよ、陰徳家」

それを聞いた学生が手を離し、車より先に進んでいた仲間に追いつき、二人は談笑しつつ坂を上った。荷車は助力者を失ったため急に後ずさり、危なかったが、さいわい坂を上ってきた中年の二人連れが、とっさに力を貸して、事無きを得た。

陰徳家、とは明治末頃の学生の流行語らしい。表だたずに恩を施す人だが、この語自体、冷笑的である。しかし露伴が怒ったのは、人の善意をからかう卑しい精神だった。ニセものの陰徳家を批判するならともかく、何の利害も考えぬ美しい行為に水を差す言動は許せぬ。自分が良しと思うところのみを良しとしたなら、世の中は良くないことばかりになる、と『努力論』で述べている。

二気は病む

『努力論』に、精神を集中するにはどうすればよいか、が説かれている。

まず、気が散るのは、同時に二つのことをしているからである。新聞を読みながら食事をする。心は、新聞と食事の双方に向いている。満足感はどっちつかずになる。

なすべきことを一つにすればよい。そして徹底して、その一つの事にかかる。露伴は太閤秀吉を例にあげる。

織田信長に仕えた秀吉の仕事は、最初は取るに足らぬつまらぬことが多かった。しかし秀吉は、そのつまらぬ仕事を、いささかも手抜きせず、真剣に行った。信長はその点を買って取り立てたのに違いない。後世の人は、秀吉が機転を働かせて要領よく事を片づけたと見るが、信長の性格は、そういう安易な仕事のやり方を認めるはずがない。

気が散らぬ方法のもう一つは、自分の好むことをする。好まぬことをいやいやするから、気が落ち着かぬのである。掛け持ちで、やらない。すると病気をしない。「人二気《ひとにき》あれば即ち病む」、一気なら元気である。

恐懼

露伴に、『修省《しゅうせい》論』という論文がある。「君子以《もっ》て恐懼《きょうく》修省す」、恐れかしこまって、おのれの品行を省《かえり》みる、の修省という。『努力論』に続いて、刊行された。

本当は、あとさき逆であったかも知れない。なぜなら、序文に言う。

「真に恐懼せずんば、真に修省せず。真に修省せずんば、真の努力は為《な》せず、真の努力が為せねば、真の天佑《てんゆう》は至らぬ」とあるから。

今の人は、天を恐れず神を敬《けい》せぬ。恐懼する、という心状が欠けている、と露伴は言う。それだから、自分は偉いと思っている。

「自ら大なりとするものは、最《もっとも》小なるものである」「自ら智ありとするものは、最智無きものである」

物質文明は、私たちに何をもたらしたか。電話電信ができ、蓄音機、活動写真ができ、自動車やモーターボート、空中船、飛行機、潜航艇ができ、と当書刊行時の大正三年の文明が挙げられている。物質の進歩は人を満足させる反面、社会を繁雑にし、人事を複雑にした。人は疲れ、対症薬として簡易生活を求める。生活の豊富は簡易にあると知るだろう、と予言した。

互助

公益事業、公益法人という。二十年ほど前まで、公益質屋と呼ばれる質屋があった。市町村や社会福祉法人が経営していた質屋である。公益とは何か。露伴によると、公益も私益も同じという。たとえば、ある婦人が新しい織物を発明し売りだす。評判がよくて大いに売れる。この織物が普及して、ついに地方の物産となれば、地方は潤い、私益は公益となる。

公私の利益が正比例していればよく、私益をもっぱらにすると、それは「魔王の奴《ぬ》僕《ぼく》」であって、「盗賊思想」である。油屋は油を、豆腐屋は豆腐を売ることが、ただちに公益となる。まじめに自分の職業に尽くすことが公益なのだ。

とは『修省論』の「公徳公益と私徳私益」論。ついでに相撲の世界で、ひそかに勝ち星を譲りあうことを「互助会」と称するらしい。言い得て妙の隠語だが、露伴は、「自助互助」についても論じている。

互助は競争よりも賢く、かつ利益があると言い、互助の精神は「人間が社会を形づくっている以上は必要」なもの、これが無くては「一業の衰敗、一国の悲境」を醸《かも》しだすに至る、と。

カード式

気の合う少年たち七、八人が、毎月なにがしの会費を出しあい、雑誌や書物を買う。会員の中で一番大きな書斎を持っている松山君の所を、彼らの書庫とし、また集会場に決めた。保存に値しない本は、さっさと売り払い、その金で新規に購入する。読んだ本の感想を語りあう。これを「番茶会談」と名づけた。番茶だけで菓子の出ない集会だから、こう称する。ごちそうは無いが熱心があり、虚礼の交換は無い代わりに、知識の交換がある。「興味と利益との多い真の談話会である」とは、露伴の小説『番茶会談』である。明治四十四年の作品。

さて、今夜の談話会では、まず勉強に便利な「カード式」メモの話が出た。ノートを用いるよりも、「一定した大《おおき》さのカード」を用いた方が能率がよい。カードに書き抜き、それを五十音順に並べ、「或《あるい》は事件の性質に従って類書式に分類して、別に小《ちいさ》なカード索引を作っておくと非常の便利を得《う》る」という話だった。明治の末に、「カード式分類法」が説かれていることに驚く。

裸一貫

お金どころか、持ち物ひとつない、それこそ丸裸の人間が食べていくには、どうすればよいか。

とにかく、すっ裸で町を歩くわけにはいかない。銭湯に飛び込む。そして浴客の世話をする。銭湯が終ったら、浴槽のそうじや桶《おけ》の片づけをする。主人に頼んで働かせてもらう。人の倍も三倍も、熱心に勤めれば、古着くらいはくれるだろう。だって裸がおかしくない銭湯とはいえ、世間の目がある。給料をためて事業を興す。これぞ裸一貫から身を立てる法の一つである、とは露伴の『番茶会談』。

江戸の豪商、紀国屋《きのくにや》文左衛門が、四文あれば大商人になれると言った。四文で飴《あめ》玉を買い、桶屋の子にあげ、代わりに竹クズをもらい、小刀を借りる。竹クズを削って竹トンボをこしらえ、それを売る。これが商いの手始めである。廃物に目をつけ、利用して元手を作る。つまり、知恵が物を言う。

『番茶会談』は、この知恵について、本好きの少年たちが、あれこれ語りあう小説である。しかし、子どもの知識には限界がある。そこで物知りの大人に教えを乞《こ》うことになる。

中老人

実業の志と好奇心を持つ少年たちが訪ねた「物知り」の大人は、見苦しくはないが余り立派でもない家に住む「中老人」であった。「中老人」とは聞きなれない言葉だが、「年齢五十ばかり」の人とある。

露伴作『番茶会談』は、この中老人が少年たちに、主として発明について種々語るのだが、「隠士《いんし》」（俗世間の交際をせぬ人）とのみあって、名は記されてない。

たとえば隠士は、「常燈銀行」の効用を説く。銀行は日曜祭日に休業し、夕刻五時で閉鎖するが、これを年中無休とし、夜中も営業していれば、地域の商業は活気づき、日本経済は進展する。また、「盗難保険」も提案する。この小説が書かれた明治四十四年には、火災や生命保険はあったが盗難はなかったらしい。この保険は警視庁が経営したらよい、と隠士は言う。

また泥棒よけに出入り口に自動発光装置をつける。泥棒が知らずに踏むと電気がつき、警報鳴鐘《ベル》が鳴り、写真が写り、電話の呼び出しが自動的に行われる。これ、現代では実用化されている。センサーが作動する仕組みになっている。

失敗の価値

無線で電信や電話が通じるなら、電力の輸送もできるのではないか。理屈では不可能だが、全くできぬとも言えまい。成功したなら、大変な変動が世界に起こる。君たち、この難関に挑戦してみないか。物知りの「中老人」(五十代の男)が、読書好きの少年たちをけしかける。

露伴の『番茶会談』は、発明について面白おかしく述べる小説である。

できる見込みのないことをするのは、徒労というものでしょう、と少年の一人が答える。「中老人」は、こう答える。

できるできぬを、予想で決めてはいけない。いいかい、これは大事なことだよ。困難であることは確かだが、あえて挑戦して、それができないことを確かめたなら、その功績は成功したのと大差は無い。なぜなら世の人をして、再び同じ証明の苦労をさせなかったのだから。

成功した方はあるものを世に増加したのであり、失敗した方はある浪費を削除したので、プラスとマイナスの差はあるが、価値は同じような理屈である。

少年たちは、なるほどとうなずく。

タンポポ

二〇一一年三月十一日に起こった東日本大震災により、福島原発一号機、三号機が損壊し、放射能が漏出した。東京消防庁のハイパーレスキュー隊員たちが、福島原発三号機への放水に成功した。命がけの難作業である。出動命令を知らされた隊長夫人が、「日本の救世主になって下さい」と激励した。記者会見で明かされたこのくだりを聞いた時、思わず泣いてしまった。夫人の言葉は、日本人全員の言葉である。

原発事故が起こった時、思いだしたのは、黒澤明監督の『夢』である。原発が次々と爆発して、日本は廃墟と化す。やがて、昔、お花畑であった土地に、死の灰の中から巨大な植物が育ち始める。人間が見上げるほどのそれは、タンポポである。タンポポのお化けだ。

一九九〇年の作品で、脚本は黒澤自身が書いている。黒澤はタンポポが生存能力に卓越していることを知っていたらしい。

露伴に、「小農園」という短篇がある。タンポポの研究をする少年が主人公である。タンポポの生命は強く、根を小さく切っても、切った根から生える。一株から六、七百株は、ただちに殖《ふ》える。黒澤は露伴のこの作品を読んでいたのではあるまいか。

休暇

露伴に、「休暇伝」という小説がある。明治三十年作。妙なタイトルだが、雑誌に発表された時は、「一名　少年水滸伝《すいこでん》」という副題がついていた。

吉水《よしみず》村という山奥の小学校四年生の担任は、吉井喜作先生という。夏休みに入るに当たって、先生は生徒らに、休暇について話をする。

この世には本来、休暇というものは無い。太陽も月も地球も、休みなく動いている。木も草も谷川の水も、絶えず成長し流れている。休暇というものがあるなら、それは死を意味する。人間も見習わなくてはならない。孔子は寝ている間も道に志すことを忘れず、昼寝をする弟子を叱った。ナポレオンは一日三時間しか眠らなかった。

されば私たちも、だらだらと毎日を過ごしてはならぬ。遊ぶことも勉強と考えよう。そこで各自、明日までに有意義な休暇のプランを作ってきて、発表してほしい。休みが終わったらその結果を報告すること。生徒たちは納得した。偉人は休まない、という言葉に奮起した。それぞれが休暇計画を説明する。すなわちタイトルのゆえんである。

報徳思想

山奥の小学校四年生は、どのような夏休みの計画を立てたか。第一番にプランを発表したのは、吉野頓作《とんさく》という生徒である。彼は将来、大農業者になりたい、と思っている。雑草の土地を開墾し、米や麦を植え、大いに国を富ます。

この夏は試しに、自宅裏の荒地を切り開き、畑に仕立てたいと考えている。三百平方メートルほどの広さがあり、自分一人では手に負えないかもしれない。どなたか一緒にやってみようという人は、おりませんか。荒地を畑にする作業は困難だが、愉快に違いない。

吉野君の提案に、同意する級友はいなかった。さして面白い遊びと思えなかったからである。

吉野君は、二宮金次郎を尊敬している。二宮のように、「一身一家を幸福にし一国一世の幸福を増進するような生涯を送りたい」と思っている。とは露伴の「休暇伝」だが、吉野君は若き日の露伴の分身であろう。広大な北海道にあこがれる少年の心は、露伴のそれに違いなく、露伴文学の根底にあるものはやはり二宮尊徳の報徳思想、と筆者は見ている。

大震災

漱石の門下生、小宮豊隆《こみやとよたか》が仙台の東北大学に赴任することに決まり、露伴に挨拶に伺った。仙台に住むなら、一度、宮古を訪ねるといい、と勧めた。古い港が残っていて、ホヤがおいしい、と語った。

大正十二年、露伴は、岩手県宮古に旅をした。知人と二人で、目的のない旅行である。

この年の九月一日に、関東大震災が起こった。死者・行方不明者、約十万五千人。露伴は、隅田川沿いの向島の自宅にいた。二十歳の娘の文《あや》と、長男の一郎（幸田文の『おとうと』碧郎《へきろう》のモデル）を呼び寄せ、庭に避難した。

揺れが収まると、方々に火の手が上がった。一郎が屋根に登り、様子を見た。黒ずんだ空に、何枚ものトタン板が舞っていた。姉に向かっておかしな恰好をし、「のっそり十兵衛である」とおどけた。露伴が、怒った。父の代表作「五重塔」の主人公を気どったのである。暴風の塔上に立つ大工の姿を真似たのだった。

筆者の手元に、九月四日付の新聞号外がある。横浜市は大震災と共に大海嘯《かいしょう》起こる、とある。海嘯は津波のことである。

号外

大正十二年九月一日の関東大震災で、露伴宅は焼けなかったが、柱は傾き壁は落ち、住むには心細い。巷《ちまた》にはいろんな噂が飛びかい、治安も悪化した。露伴は疎開を決意した。三日、知人を頼って千葉県四街道《よつかいどう》に一家で移った。

翌朝、知人宅の庭で、朝顔の開花を見た。露伴は歌を詠んだ。

「人の世のけふ（今日）を知らなくはかなしとおもひし花の朝顔の笑《え》む」

筆者は、「山梨民友新聞」の震災号外を見ている。九月二日付の号外である。一面は県下の惨事を伝えている。震源地は未定だが当地に近い所らしい、と報じている。どうやら山梨県一帯の局地的地震、と見たようである。

ところが裏面の巻頭に、大きく、「宮城炎上　摂政宮《せっしょうのみや》御無事　東京全市焦土　尚横浜市は軍艦に避難せる二千人の外《ほか》生死不明」と衝撃的な報道がある。見出しのみで記事は無い。摂政宮は、のちの昭和天皇である。下段に「社告」とあり、一昨日稀有《けう》の大地震突発で新聞社の活字が散乱、とある。表が二日付で、裏が三日付の号外だ。

東電

大正十二年九月一日の、いわゆる関東大震災の号外を見ている。「山梨民友新聞」の号外で、ざら紙に謄写版《とうしゃばん》刷り、号外第一は九月四日午前十時、第二が同日午前十一時半、これは発行日時だろう。

第二には東京市内の主要建造物の倒壊、焼失が報じられている。報知、東京日日を除く各新聞社、という工合《ぐあい》である。次に東京電燈会社は倒壊して淀橋に移転、東京は暗黒となり漏電の火災多し、復旧に努めているが十数カ所の発電所中、わずかに本県の三カ所（不明）の二カ所以外は全部発電不能となり、うんぬん、とある。

東京電燈会社は略称すると東電だが、東京電力とは全く異なる会社で、明治十六年に創業された。東京電力は、一九五一年の創業である。七一年に初の原子力発電が行われた。福島第一原発一号機である。

号外は記者の手書きで読みにくい。しかし、事実を早く伝えたいという熱意が感じられ、活字よりも信頼できる気がする。ところで露伴は、不思議に震災のことを文章にしていない。

勇気

大正十二年の関東大震災を体験した露伴だが、震災の文章を書いていない、と述べたけれど、言葉が足らなかった。体験を踏まえた小説を作っていないのであって、震災に触れた文章はある。

三篇、書いている。そのうち二篇は、大日本雄弁会講談社が発行した『大正大震災大火災』に収められている。

この本は驚くべきことに、震災から一カ月もたたずに出版された。惨状の写真や記録、名士の体験記入りの、資料価値の高い一冊である。発行日付から珍本と早合点する人が多く、今もときどき、そう報じられることがある。実は当時の大ベストセラーで、古本屋ではおなじみである。露伴は序文と、「罹災《りさい》者に贈る言葉」を書いている。後者は六千字の長文で、慰問の言葉といっても、ケガをした人には、命に別状なくて何より、と言い、負傷しなかった人には、おケガも無くてこの上なく喜ばしい、と言うより他はない。そして、自棄《やけ》になってはいけない、萎縮してはならぬ、まず勇気を持って、一切の不幸を切り開き、一切の幸福を招来すること、と述べている。

祖先の教え

露伴は、大正十二年の関東大震災を体験して、「災厄に対する畏怖《いふ》と今後の安心策」と題する文章を発表した。

大きな自然災害に遭遇した時、人は、自分の平生《へいぜい》の行動が、果たして自然の主宰者の心に順応していただろうか、自分より偉い者は無い、と慢心していなかったか、等いろいろ考えさせられるが、これは私たちがというより、私たちの祖先、その祖先の祖先、遠い人類の昔から受け伝えているものが、無意識に現れて、そのような考えを起こすのである。科学で何もかも解決できるものでない。天を恐れる人の多い社会が、いい社会を作りだす。このドサクサに、うまいことをしてやろうという手合いは、社会の一番悪い破壊者である。

露伴は注意をうながす。愚劣な宗教に引き込まれてはいけない。「優良なる宗教」に引かれなさい。そして、賢明にして活発な態度をとって、おのおのの業務に努力すべきである。

宗教心というものは元来必要なものだ、と露伴は説く。冒頭の反省がすでに宗教心なのである。

写真する

明治三十年、露伴は、上野駅から常磐線に乗り旅に出た。同行者は、出版社「博文館」の支配人、大橋乙羽《おとわ》である。たぶん乙羽が露伴を誘った旅行だろう。

仙台から青森、弘前を経て秋田、山形にまわる、十八日間に及ぶ長旅であった。乙羽は米沢市の旅館のむすこで、尾崎紅葉門下の小説家だったが、師の媒酌で博文館創業者の長女と結婚、雑誌編集に専念する。カメラと旅行が趣味で、乙羽は紀行文の方で名を知られた。露伴との二人旅にも、カメラを持参して盛んに写している。露伴は、「乙羽子《し》が写真する間」「写真し果てければ」「写真せんとて」そこに行き、と記している。写真する、と動詞活用している。当時のカメラは八キログラムくらいの重量があったというから、撮影旅行は大変だったろう。

前年（明治二十九年）の六月十五日夜、岩手、宮城、青森三県を津波が襲った。明治三陸大津波である。当時の新聞は、大海嘯《かいしょう》起こる、と伝えている。乙羽は作家や画家に急ぎの原稿を依頼し、売り上げを義捐《ぎえん》金にすべく雑誌の臨時号を発行した。

義捐雑誌

出版社「博文館」の支配人・大橋乙羽は、被災地の惨状に胸を痛めた。すぐさま作家や画家に、原稿の支援を求めた。これが六月二十七と二十八日である。五日間で執筆してくれるよう頼んで廻《まわ》った。無料原稿である。寄せられた作品は、作家や詩人が八十四篇、絵が九点。森鷗外、尾崎紅葉、島崎藤村《とうそん》、徳田秋声《しゅうせい》……樋口一葉も、「すゞろごと」という短文を書いている。一葉はこの五カ月後に、二十五歳で亡くなっている。貧しい病床にあって、彼女は被災者の為に一灯を掲げたのだ。

一葉の師の半井桃水《なからいとうすい》も、短篇を寄せている。漱石は作家としてまだ世に出ていない。露伴は旅行中だった。乙羽は旅先に依頼状を送ったが、宛名人不明で戻ってきた。乙羽は独断で露伴から預かっていた随筆の一節を借用した。以上を編集して、七月二十五日に雑誌を発行した。一カ月にも満たない日数で作りあげてしまったのである。『文芸倶楽部《くらぶ》』臨時増刊「海嘯義捐小説」である。定価二十銭。売り上げを全額寄付した。

相馬節

明治三十年十月七日に、露伴と大橋乙羽は、上野駅から常磐線の旅に出た。この日は福島の平《たいら》に泊まった。翌日は雨、久の浜、広野を馬でめぐり、日暮れに富岡に着く。九日は晴れた。人力車を雇って、浪江に。茶屋で昼食をとる。露伴が酒を頼むと、将門《まさかど》という銘柄のビン詰《づめ》を持ってきた。

乙羽はやらぬと言うので、露伴は一人で飲んだ。日の丸の旗と逓信省のテの字の旗の打ち交《ちが》いを描いた「趣《おもむき》味無き酒盞《さかづき》」であおった。焼酎の味のする強い酒である。

この日は原の町に泊まった。露伴はアンマを呼び、相馬節を聞かせてもらう。「むかいこやまの、なあーよい、なあーよい、がんけのつゝぎ、なあい……」と歌詞をメモしている。がんけのつつぎ、とは崖のツツジの意である。

こういうのもあった。「相馬ながれ山習ひたきやござれ五月中《さつきなか》のさる御野馬追《おのまおい》」

さきほど露伴たちは、野馬追いが行われたという原を通ってきたのである。刈り草を背にした馬を引く男が、相馬節を歌っていた。酔いの回った耳に、物悲しく響いた。

旅の目的

露伴と大橋乙羽は、常磐線の旅を続ける。明治三十年十月十日は原の町から塩崎鹿嶋を経て、昼頃に中村に着いた。昼食に川魚が出た。露伴が問うと、カジカという。「魚博士」の露伴も初めてだったらしい。「北海道のに似て少し小《ちいさ》い」

中村に泊まる。翌朝、汽車で仙台に向かう。いったん下車して昼をとり、東北線に乗り換えて盛岡に出た。夜に着く。宿をとる。翌日、汽車で青森をめざした。二人の旅の意図は、何だったのだろう。

乙羽は前年に、いわゆる「明治三陸大津波」の被災地を訪ねている。惨状に胸を痛め、作家たちに義捐を呼びかけた。雑誌の売り上げを寄付した。

復興の様子を視察する目的の旅かと思いきや、三陸方面に足を伸ばしていない。露伴は、どうだろう。ちょうど十年前の初秋、北海道余市電信局を、「胸の愁《うれい》」のため、「突貫して此《この》逆境を出《い》でむ」と決意、無断退職し夜逃げした。函館から船で青森に出ると、徒歩で東京に向かった。露伴はあの時の無銭旅行の跡を辿るつもりだったのか。

号の由来

二十一歳の露伴が青森から歩いて東京に帰ろうとしたのは、金が無かったからだが、世間を見聞し経験を得ようという思惑もあった。作家らしい好奇心である。それに仙台に知人がおり、金策をするつもりだった。

浅虫《あさむし》温泉付近で、帽子を失った。仕方なく手拭いで頬《ほお》かぶりをしたが、洋服にこの格好は人が笑うより、まず犬が怪しんだ。やたら吠《ほ》えて追ってくる。

翌日、昼食に出た椎茸《しいたけ》そっくりの茸《きのこ》がおいしかったので大食したら、しばらくして腹が痛みだした。歩くのが、つらい。しばらく、草原で寝ていた。

散々な旅であった。安く買った鶏卵が全部腐っていて、うっかり飲み込むところだった。足には肉刺《まめ》もでき、渋民《しぶたみ》から盛岡まで、ついに人力車を頼んだ。盛岡は繁華の町である。「久しぶりにて女子らしき女子をみる」

仙台でわずかの金を作り、馬車で福島へ向かう。宿賃が無いので夜っぴて郡山まで歩くことにした。途中、何度も地べたに寝て休む。のたれ死にとはこんな風なのだろう、と句を詠んだ。「里遠しいざ露と寝ん草枕」。露を伴《とも》とする。露伴の号が生まれた。

春陽堂

明治三十二年二月、春陽堂書店の創業者、和田篤太郎《とくたろう》が四十三歳で亡くなった。和田は巡査から本の行商を経て、文学書の出版社を起こし、博文館と並び称されるわが国屈指の版元に仕立てた、立志伝中の人である。

「博文館ありて明治の書籍は廉《やす》くなり、春陽堂ありて明治の書籍は美しくなりぬ」と露伴が評している。露伴は春陽堂の看板誌『新小説』の編集長を務めていた。通夜、葬儀、初七日《しょなのか》の法事に出席、葬儀で大橋乙羽と会った。乙羽は博文館の支配人だが、故郷山形での文学少年時代、近所の書店で和田に引き合わされた。番頭の紹介だった。

「いい小説ができたら送りなさい」和田はお愛想に言ったようだが、本気にした乙羽は、懸命に書いて送った。しかし、それきりだった。

乙羽は博文館主に見込まれて、娘のムコに迎えられた。同業の春陽堂に挨拶に行った。和田は乙羽を覚えていた。原稿も大切に保管されていた。乙羽が感動すると、原稿で飯を食う身なのだから当たり前、と笑った。この言葉を乙羽は出版理念とした。

花鳥集

露伴はこのところ図書館から、植物の本だけ借りてきて読んでいる。『植物図説』に、梅桜の類は薔薇《ばら》科と出ていた。確か桃科と覚えていたが、と不審がった。兄の郡司成忠《ぐんじしげただ》を訪ねると、生け垣に忍冬《すいかずら》がある。この花は金銀花といい、香りも姿も楽しめる。盆栽に仕立てたら面白いと兄に話し、自信が無かったが取り木の術を施してみた。

読書にあきると鮒《ふな》釣りに出かけた。獲物は妻が早速ナマスと刺身に造る。露伴はビールを傾けつつ、妻に言う。たとい王様といえども、「己《おの》が釣りたる魚の味は己が釣らずば知るまじきなり」、どんな権力の楽しみがあろうと、わが一日のこの清興に及ぶまい。

露伴が植物の本に夢中だったのは、わけがあった。友の大橋乙羽が本を著《あらわ》した。その序文を頼まれていたのだ。著書の名が『花鳥集』。

露伴の序。「それ一陽の春になれば風に開くが花の意気地《いきじ》か、啼《な》かで已《や》まぬが鳥の意気地か（略）物を叙して情を言ふも多情の才子が意気地なるべし、おゝそれこれは花鳥集とや」

鯉の包み

露伴は鮒釣りは、向島の自宅から歩いて立石《たていし》、奥戸《おくど》(葛飾区)辺の中川を釣り場にしていた。

二日続きの雨が上がって、大物が釣れた。露伴の近くにいた二人が、幅十センチ以上もある鮒を上げた。「かゝる大なるものを東京近くに見るを得べしとは思ひかけねば驚きたり」居合わせた釣り人らが、七歳以上の鮒と評した。

翌日も露伴は出かけた。昨日と同じ場所に同じ顔がいて、昨日七年鮒を得た者が今日も上げた。露伴は三年鮒を頭に、六十七尾釣った。暮れてきたので引き上げた。

渡船場で渡し守の老人が、鯉《こい》を買ってくれまいか、と言う。今夜の酒代にしたい、と言う。承知すると、水竿《みさお》を川に突き入れた。竿の先で筆軸ほどの太さの縄をからめ、たぐりだす。縄の先に大きな鯉がかかっていた。露伴の魚籠《びく》には到底入らぬ。すると一束の稲ワラを持ってきて一端をしばり、ワラを開いて鯉を納めると、包んでもう一方の端と中ほどをしばり、両端の余った部分を結んで提げられるようにした。

露伴は、「詩の情《こころ》」あるこの処置に甚《いた》く感銘した。

黄金

姉弟《きょうだい》の父は作家である。弟が本屋で万引をして、母が学校に呼びだされる。生《な》さぬ仲だから、面当てに、わざと悪さをしたのだろう、と母は邪推し、ふくれる。

姉が継母《ままはは》に今夜の献立は何にしましょう、と聞く。何だって構わないじゃないの、と母は答える。「こんな時、おなかがすくなんて、あるかしら。そんな人、あたし恐ろしい！　御飯なんて……」

幸田露伴の次女・文の長篇『おとうと』は、作者が十七歳の頃の家庭を事例に、小説化したと思われる。小説の姉が文である。文の実母は、六歳の時に病死している。

美人で、料理が巧みで、よくできた女性であった。ある日、露伴夫婦は田園の中を散歩した。道の傍らに大きな肥溜《こえだ》めがあり、そこの周囲の草のみ、緑濃く丈高く伸びている。露伴が妻に示して言った。人もまたあのようだ、肥溜めの傍らに立てば世に現れる、黄金の威力は偉大なるかな。

夫人が笑って答えた。足ることを知る者は富めるなり。悪臭に耐えて生きるより、清貧に甘んじた方がよほど快適です。さあ行きましょう。

将棋

露伴は明治二十八年、山室幾美子《やまむろきみこ》と結婚した。下宿の娘さんで露伴は二十九歳、幾美子は八歳下である。

新婚の頃、露伴は将棋に凝っていた。負けて帰宅すると、くやしくて夜っぴて対策を考えている。妙手を思いつき、嬉しくて大声で笑った。

翌朝、幾美子が苦情を言った。原稿に夢中なのかと思っていたら、将棋にうつつを抜かし、夜中にばかげた声を上げて情けない。

これには露伴もグウの音《ね》も無く、すっぱり将棋と縁を切った。「長き夜をたゝる将棋の一《ひ》ト手《て》哉《かな》」の句を詠んでいる。

ある時、フグ鍋をやろうとしていたら、夫人が何も言わずに鍋を庭に放り投げた。しろうと料理のフグは危険だ、と泣いていさめる。

物をほしがらない女性であった。原稿料が入ったので着物を買いなさい、と勧めたら、あなたの読みたい本を買っていただく方が有益です、と答えた。

幾美子は明治四十三年、三人の子を残して病死した。三十六歳の若さである。翌年、露伴は文学博士号を授けられ、亡妻に報告した。

花言葉

女子サッカー「なでしこジャパン」の世界一は、日本中をわきたたせた。にわかファンの筆者も、今では全メンバーの名前を覚えてしまった。

それにしても、「なでしこジャパン」の名称は、どなたが考えられたのだろう。野球の「侍ジャパン」同様、誰もが思いつきそうで、案外思いつかぬネームである。一度聞いたら、忘れられぬ。

「大和なでしこ」は、日本女性の美称だが、この花言葉は「大胆」である。他に、野心、器用、純粋で熱烈な愛、などの意味がある。

露伴に「花のいろ〳〵」なる文章があり、「なでしこ」も取り上げられている。いわく、「なでしこは野のもの勝《すぐ》れたり」、馬の飼葉《かいば》に刈り取った草の中に、この花の二つ三つ見えたる、つい歌を詠みたくなる風情《ふぜい》である。

露伴は結婚前、木綿問屋の娘さんと交際していた。なでしこのような楚々《そそ》とした美人であった。文学や学問が好きで、仏教にも詳しい。相愛の仲だったが、彼女は長女で跡とり娘のため、結婚は叶わなかった。花言葉の、「純粋で熱烈な愛」である。

内弟子

いや、暑い。つい、口に出る。「心頭を滅却すれば」と昔の禅僧は言った。雑念さえ無ければ、猛火も涼しく感じる。露伴がこれを踏まえて、狂歌を詠んでいる。

「心頭を滅却すれば火も涼し　とはいへ夏の日ざかりの汗」文豪も我ら庶民と変わらぬ。安心した。

ついでに露伴の狂歌をもう一首。「成ることの成らぬは金の浮世にて　成らぬの成るも金の浮世ぞ」

わかります、わかります。同感。森鷗外と斎藤緑雨《りょくう》の三人で、樋口一葉の「たけくらべ」を推薦した明治二十九年、露伴宅に押しかけてきた文学青年がいた。露伴は結婚二年目である。すでに二人の住み込みの書生がいた。売れっこの作家ではあるが、金持ちというわけではない。新人作家の発掘に、力を入れていたのである。

食事は内弟子らと、一緒にした。同じ物を食べる。質素な食卓であった。文学で飯を食うのは容易でない、と若者らに語った。しかし弟子にしたからには、君らを飢えさせない、と笑った。時に、遊んでこい、と小遣いをくれる。本人は仕事にかかりきりである。

鶴伴

露伴の文学を慕って、次々と若者が弟子入りを希望した。露伴は拒まなかったらしい。人気を分けあった尾崎紅葉も、たくさんの弟子を抱えたが、二人は共にきっすいの江戸っ子である。人の面倒見がよかった。

露伴の弟子で一番の古参は、神谷《かみや》鶴伴《かくはん》だろうか。本名、徳太郎、静岡の人である。二十歳そこそこで入門している。学歴は無い。露伴は井原西鶴の作品を写させた。自分が最も影響を受けた、元禄期の俳人にして小説家である。神谷は西鶴のとりこになった。

のちに「愛鶴書院《あいかく》」と名づけた出版社を起こし、西鶴本の複製を刊行、国文学研究にひと役買った。また、『好色一代男註釈』を、露伴の序文つきで出版した。これは増補して改造文庫に入った。尊敬する二人の名を取って雅号にした。

「白雲の　淡立《あわだ》つ山は／甲斐が根か。秩父の山か。／目をあぐれば　悠々たりや／天《てん》垂《た》れて　鳥低く飛ぶ。」

鶴伴作の短詩である。五七調の四行詩を短詩と称して弟子たちに作らせ、露伴が批評した。「白雲の」詩評。

「歌ひ起《おこ》し甚《はなは》だ佳」

女弟子

神谷鶴伴のすぐあとに、米光関月《よねみつかんげつ》が露伴の弟子になった。二人は同い年である。

露伴はのちに、一章四行、一行およそ五音から二十音、五七、または七七調の「短詩」を提唱、弟子たちに創作させた。短詩の会を「最好会《もういいかい》」と名づけ、明治三十八年、弟子たちの成果を『初潮』という詩集にまとめ刊行した。

米光の作品は、こうである。

「霧の夢路を　今出でし、／入江に泊《は》てし　漁《いさ》り船。／朝風冷えて　月白き秋、／ぎらつく釜《かま》に　米を研《と》ぐなり。」

露伴の評。ぎらつく釜の一語は、いかにもきびきびした船人気質《ふなびとかたぎ》が見えて面白く、またその釜で米研ぐとあるも小船の実況で面白い。

最好会には女弟子もいた。

村田琴伴《きんはん》。雅号の一字を師からもらっている。「疑ひの雲　晴れやらぬ、／春の朧《おぼろ》の　夕月夜《ゆうづくよ》。／思ひに痩《や》せて　しょんぼりと／一人行く路　桜散る。」師の評。「第一句よし、第二句よし、第三句又よし、第四句いよいよ好し、一人行く路桜散るの一句、幽艶、冷艶……」

何だか甘いような。

七年間

露伴の女弟子の一人に、佐藤としがいる。浅草蔵前の、元札差《ふださし》（江戸時代、旗本らの代理で知行米《ちぎょうまい》を売りさばき手数料を取る業、金貸しでもある）の家に生まれた。日本女子大を中退し、露伴に師事、露英《ろえい》の雅号をもらった。

彼女の短詩。「若葉に　堤　たそがれて、／渡舟《わたし》に　人の　影淡し。／今年も過ぎぬ　隅田の春、／成らぬ詩歌《しいか》に身は老いて。」

露伴の評。「意《こころ》優しく、辞《ことば》も亦《また》優し。誰か敢《あえ》て此の作者青春空しく老いて詩歌終《つい》に成らずと云《い》はんや」

青春空しく、は師の冷やかしであろう。十九歳の露英は熱烈な恋をしていた。相手は兄弟子の、田村松魚《しょうぎょ》である。彼女より十歳上の田村は、露伴の古い門人で、法学者の上杉慎吉《うえすぎしんきち》の書生をしていたが、法学より文学にあこがれた。上杉は美濃部《みのべ》達吉《たつきち》の天皇機関説を批判した学者である。田村と露英は愛しあった。田村は留学する。帰国したら結婚しよう、と約束する。露英は承諾した。田村はアメリカに旅立ち、彼女は七年間待った。

骨董商

「金髪ゆらぐ　海の風、／裸体の女神　緑蔭に臥《が》す。／よし、我　絵師の　巧真似《たくみまね》んと、／沙《すな》に画《えが》けば　浪さらひ行く。」

「南加利弗児尼亜《カリフォルニア》海水浴場」と題した、田村松魚の短詩である。

松魚の師、露伴は、「滑稽甚だし」と評し、こう続けた。「波浪心あり、神女《しんにょ》の為に延寿をして悪画を貽《のこ》す能《あた》はざらしむといふべし」

俗悪なヌード画だ、消すべし、と波にも見る眼はあるのさ。

アメリカ留学から帰国した松魚は、七年間待たせた同門の女、佐藤露英と結婚する。そして露英を小説家にするべく、新聞の懸賞小説に応募させた。田村とし子の筆名で書いた「あきらめ」が、一等に当選した。そして彼女は、「木乃伊《ミイラ》の口紅」「女作者」等を次々と発表し、大正期の人気作家となる。松魚のもくろみは、見事に成就《じょうじゅ》した。同時に、夫婦生活は破綻した。とし子は愛人を作って去り、松魚は再婚し、骨董商《こっとう》となる。

骨董は大好きで、特に飛鳥時代の小仏像を愛し、収集していた。昭和十七年に『小仏像』という本を書き、その魅力を説いている。

暑さ冴返る

田村俊子（本名・佐藤とし）は生涯に十くらいの名を使い分けている。十九歳で幸田露伴に弟子入りし、露英の雅号をもらう。師は俊子に古典のみを読ませた。男の弟子には、西鶴文学の書写を命じた。俊子はいやになり、師の元を去る。佐藤露英の芸名（のち市川華紅《かこう》と改名）で、舞台女優になる。佐藤俊子の名で雑文を書く。

露伴の古い門人、田村松魚がアメリカ留学から帰国し、俊子は結婚する。婚約から七年間、待った。

それなのに新婚生活は、うまくいかない。原因は貧困である。俊子は夫に勧められ、新聞の懸賞小説に、田村とし子の筆名で応募、首尾よく一等に当選し、一千円の賞金を得た。明治四十四年当時、総理大臣の月俸額である。その小説「あきらめ」が評判になった。

富枝という若い女性が自立しようとして、しかし家族のしがらみから脱出できない。「新しい女性」の生き方を描こうとしたのだろう。当時は珍しい、女性同士の恋愛を「まじめ」につづっている。「すっかりお暑さが冴返《さえかえ》りました」という古風な挨拶が出てくる。

大丈夫

露伴夫人が若くして病死した。その通夜に弟子の田村俊子が、夫と弔問に訪れる。夫婦は貧にあえいでいて、喪服も友人に借りてきた。

そのてんまつを、俊子は「木乃伊の口紅」で描いた。涙声で露伴が俊子にこう挨拶する。「あなたの身体はこの頃丈夫ですか」

妙な言い方ではあるまいか。俊子は病弱な女ではない。これは俊子の金銭に対する劣等感の表出ではないか、と思われる。身体を身代《しんだい》、丈夫を大丈夫と入れ換えると、俊子は師の言葉を、そのように皮肉に受け取ったのではないか。

俊子は金使いが荒く、貧乏の理由も彼女のしまりの無さにあった。『青鞜《せいとう》』の平塚らいてうが、俊子はどこに行くにも人力車を使い、車代が家賃より多かった、と書いている。松魚と離婚後、恋人を追って渡米、大正九年、正式に結婚し鈴木俊子となる。夫が急死、中国に行き、左俊芝の筆名で劇評を書く。

旧作の印税四千円が入った。全額を競馬に賭け、瞬時にスッテンテンとなる。昭和二十年に他界、六十二歳だった。天涯孤独の死である。

慚愧

田村俊子の再婚相手は鈴木悦《えつ》といい、愛知県の人である。俊子より二つ下で、早稲田大学英文科を卒業し、小説を書いていた。

森鷗外と島村抱月《ほうげつ》の監修による「世界名著物語」シリーズの一冊、『水滸伝《すいこでん》物語』を執筆している。『水滸伝』のダイジェストである。「山東済州《さんとうさいしゅう》の地に一つの水郷があつて、名を梁山泊《りょうざんぱく》といつた」と、このような文章である。

三人の豪傑が山塞《さんさい》を構え、あまたの手下と共に旅人を襲う。そこに林冲《りんちゅう》なる男が、役人に追われて逃げ込んで来る。林冲の武勇は天下に聞こえていた。頭領の王倫《おうりん》は、林冲に三日の間に仕事ぶりを見せよ、と命じる。つまり、山賊としての働き如何《いかん》で仲間に加えるという。林冲は承知する。山を下って旅人を待つ。空《むな》しく二日過ぎた。誰も通らぬ。林冲は、あせる。

俊子の師、露伴は『水滸伝』を全訳し註釈《ちゅうしゃく》をつけている。日本語の読み下し文だが、結構難解である。旅人を待つ林冲の目に人の姿が。「林冲看《み》る時、慚愧《ざんき》と叫声《きょうせい》す」

慚愧の意は恥ずかしいだが、露伴の語釈は「ありがたい」とある。

真正の人

明治四十四年九月、女性だけの文芸誌『青鞜』が発刊された。有名な創刊の辞が、「元始《げんし》、女性は実に太陽であつた。真正《しんせい》の人であつた」である。

筆者は、平塚明《はる》。この時「らいてう」という筆名を用いている。雷鳥である。高山に棲《す》む孤高の野鳥に自分を擬した。

先の宣言は、こう続く。「今、女性は月である。他《た》に依《よ》つて生き、他の光によつて輝く、病人のやうな蒼白《あおじろ》い顔の月である」

明は姉の親友の保持研子《やすもちよしこ》に、雑誌発行の相談をした。保持は日本女子大の同級生の、中野初子と木内錠子《ていこ》を仲間に誘う。二人は幸田露伴の門下生であった。更に夏目漱石に師事していた物集芳子《もずめ》に声をかけた。芳子は国語学者・物集高見《たかみ》の娘である。彼女は外交官と結婚、海外に行くため、妹の和子《かずこ》を紹介した。結局、以上の五人が発起人となり、雑誌は出た。創刊号には田村俊子も小説を寄せている。『青鞜』は露伴に縁がある。

明の宣言は、こう続く。「私どもは隠されてしまつた我が太陽を今や取戻さねばならぬ」

山の動く日

「山の動く日来《きた》る」とは、女性だけの文芸誌『青鞜』創刊号の巻頭に掲げられた、与《よ》謝野《さの》晶子《あきこ》の詩である。「かく云《い》へども人われを信ぜじ」と続き、山は今眠っているだけ、昔は火山だったのだ、信じなくともいい、しかしこれは信じてほしい、「すべて眠りし女《おなご》今ぞ目覚めて動くなる」。

「新しき女」の出現、と騒がれ、わが国婦人解放運動の旗振り役となった『青鞜』だった。発起人五名のうち二名が幸田露伴門下、更に創刊号に小説「生血」を寄せた田村俊子もそう。田村は『青鞜』社員の一人でもある。

発行所は、国語学者・物集高見邸である。発起人の物集和子の部屋。平塚らいてう等、若い娘が集まって会議していると、しばしば和子の兄が訪れ、編集その他で適切な助言をしてくれた。和子より九歳上の兄は高量《たかかず》といい、露伴の古い弟子である。梧《ご》水《すい》の号で短詩を作っている。「すがれし萩に　小雨はらつき、／白き胡蝶《こちょう》の　羽袖破れて……」つまり、『青鞜』は露伴の息がかかっているのだ。

土人形

物集高量は、国語学者で『広文庫《こう》』や『群書索引』の編纂者、高見の長男である。明治三十七年、東京帝大三年生の秋、父の使いで出版社を訪れた折、露伴の弟子の神谷鶴伴と知りあった。

露伴宅で「四行詩の会」が開かれるから参加しないか、と誘われる。文字通り、四行の詩を作る会。

八畳と六畳の二つの部屋に、二十数人が集まっていた。神谷が司会で、茶菓が出る。用紙が配られる。その場で詩を作るのである。鰻丼《うなどん》が出る。食べながら苦吟。全員が用紙に書きつけると、神谷が回収し、奥の部屋の露伴に届ける。

隣の部屋には、女性たちがいた。佐藤露英（田村俊子）、村田琴伴、そして平塚らいてうらと『青鞜』を発刊した木内錠子の三人である。男女は別席になっていた。

やがて露伴が現れ、正面の床柱を背に坐《すわ》る。そして一人ずつ批評し、一等二等が決められる。

この日、高量が記憶に残った詩は、露英の作。「うつし身消えて土となり／目鼻可《か》愛《わ》ゆき人形となりて／我をば嫌うあの人に／せめて幾日《いくか》をかしづかれたや……」

百三歳

東京帝大の学生、物集高量が露伴に聞いた。

「先生は四季の中で、いつがお好きですか？」

人に会うと必ずこれを質問する。その人の好みや性格を知る手がかりになる、という。

「晩秋だね」露伴が答えた。「銀杏《いちょう》の葉が黄ばむ頃がいい。新酒のおいしい季節だ」

この答えで露伴の人となりを、どのように判断したか、は物集は書いていない。二人は年がひとまわり違う。同じ卯年《うどし》である。物集が五十六歳の時、先輩の露伴に尋ねた。

「年を取る心境は、ちょうど秋の小春びよりのようでしょうか。季節でいうと」

あくまで季節にこだわる。露伴が答えた。「つまらんことを言うものでない。人間は若いほどいい。年を取っていいことは一つも無い」

物集高量は百歳の時、『百歳は折り返し点』という自伝を出版した。翌年、その続篇を出す。更に翌々年、『百三歳。本日も晴天なり』を出版、なぜここまで長生きできたか、それは自分を年寄りと思わないこと。そう語った。

広文庫

明治十九年頃、東京帝大教授の物集高見が、法学博士の穂積陳重《ほづみのぶしげ》から、隠居制度の研究をしたいのだが、どんな資料があるのか見当もつかない、と打ち明けられた。

一週間後、高見が何冊かの典籍を持参すると、穂積が目を丸くした。一年半も調べていたが、手がかりもなかった。君はどうしてこれらの本を知ったか、と聞く。高見は読んだ本の有意義な所を片っ端からメモにとり、カードにしている、と話した。

カードを整理し書物にしたまえ。そうすれば君は学界に鉄道を敷くことになる、と穂積が勧めた。かくて誕生したのが『広文庫』で、和漢書や仏教書の記事の百科事典というべきものである。完成したのが大正五年で、全二十巻。後半は長男の高量も編纂に加わった。しかし、もっぱら高量はこれの販売面を受け持った。『広文庫』は自費出版で、一組の売価が三百円と高額である。

戦後、『広文庫』は忘れられた。昭和四十九年、名著普及会がこれの復刊を企画、物集の遺族を探した。高量が九十六歳で健在、生活保護を受け独り暮らしをしていた。

蝸牛庵

露伴には、蝸牛庵《かぎゅうあん》という別号がある。蝸牛はカタツムリのこと。雅号のいわれを、こう語っている。「家がないということさ。身一つでどこへでも行ってしまうということだ。昔も蝸牛庵、今もますます蝸牛庵だ」（小林勇『蝸牛庵訪問記』）

露伴の弟子の物集高量が、「蝸牛の箴《しん》」という文章を書いている。戒めの言葉である。「蝸牛々々、汝《なんじ》は如何《いか》にして家を負ひながら歩むぞ」

家が無いどころか荷《に》になっている。文明の世は簡易生活を喜びとするのに、何ゆえお前は行く先々にまで重い苦痛を負おうとするのか。お前は意気地なしだ。雄々しき角を振り立てながら、物におびえると萎縮する。生存競争の烈《はげ》しい世に生まれながら、闘いを避けようとする。蝸牛よ、汝の歩みの遅さはどうだ。飛行機が飛び、自動車が疾走する一刻千金の世に、一文銭を拾うように、たどたどしく這《は》うのはどうしてだ？いずれお前は滅亡するぞ。

大正十三年に書かれた文章だが、まさか、師を皮肉ったわけではあるまい。

錯愛

露伴は中国の四大奇書の一つ、『水滸伝』を全訳している。訳文は原文の読み下しで、漢文体になじみのない現代人には、とっつきにくい。露伴は言葉の意味を解説し、原文の欠字部分には、あるいはこういう表現か、と推測の註釈を施している。学者顔負けの、研究である。一部を紹介する。

風流の道、武芸の道に通じる燕青《えんせい》は、顔も頭も良い好青年である。一夜、妓楼《ぎろう》に遊ぶ。相方の李師師《りしし》がひと目惚《ぼ》れ、酔って、あなたの背の彫物《ほりもの》が見たい、とねだる。固辞するも、引かぬ。仕方なく着物を脱いだ。露伴の訳文。

「李師師看了《かんりょう》し、十分大《おおい》に喜び、尖々《せんせん》たる玉手《ぎょくしゅ》を把《と》って、便《すなわ》ち他《ひと》の身上《しんじょう》を模す」

彼女は見終わると、たおやかな手で燕青の肌を撫《な》でた。誘惑を恐れた燕青は一計を案じ、君はいくつ？　と聞く。二十七よ、と李師師。僕は二十五、二つ年下なり、「娘子《じょうし》既《すで》に然《しか》く錯愛《さくあい》す」、さらばあなたを姉として仕えたいと。錯愛とは、「さまであらぬものを愛して下さるの意味にて、錯の字謙遜《けんそん》的にいふ習いなり」と註にある。

男女

さて風流と武芸に通じた美青年、燕青は、都第一の妓女《ぎじょ》、李師師の誘惑から逃れた。梁山泊の仲間が、燕青に言う。お前さんは李師師をたぶらかす計略と告げたはずだが、危ないもんだぜ。逆に彼女に丸められ、虜《とりこ》になりゃしないかえ。「燕青道《い》ふ」と以下は露伴の訳文。

「大丈夫《だいじょうぶ》の世に処する、若《もし》酒色の為にして其本《そのもと》を忘れれば、此禽獣《これきんじゅう》と何ぞ異《こと》ならん、燕青但此《ただこの》心有らば万剣《ばんけん》の下《もと》に死せん」

カッコいい！ 酒や女に溺れて、その志を忘れるような男は、鳥や獣と同類である。自分がその通りなら、甘んじて制裁を受ける。

仲間が笑いながら言った。「汝我都《なんじわれすべ》て是好漢《これこうかん》なり、何ぞ必ずしも誓《ちかい》を説《と》かん」あんたも俺も男の中の男一匹、今更疑わないさ。

汝我はわかるが、男女という語が出てくる。「汝は是れ誰《たれ》ぞ。燕青答へ道《い》ふ、男女《だんじょ》は是梁山泊の浪士《ろうし》燕青と」

露伴の註に、こうある。「男女は自ら卑下して称する也《なり》、我等《われら》と云《い》ふが如し」

漢文は、むずかしい。

洒脱

露伴の『訳註水滸伝』に、「只得家人をして」という訳文が出てくる。「註」あり、「原書、只令得家人《ぜひなくかじん》に作る、只得令家人の誤ならん」と。原文の誤りを指摘している。『水滸伝』は、百八人の豪傑の物語である。派手に活躍した面々も、最後には三十六人しか残らない。

功なり名をとげた美青年、浪士燕青は、これ以上何も望むものはない、「山野に退居して、一間人《かんじん》と為《な》らん」、頭目に申し出れば、当然制止されようと、詩を認《したた》めて、ある夜ひそかに仲間を脱した。

その詩に、言う。「風塵《ふうじん》を洒脱して此生《このせい》を過さん」

風塵は、俗世間のことである。洒脱には「さいだつ」とルビが施されている。ハテナ、これは「しゃだつ」と読むのではあるまいか。「俗気を脱してさっぱりとしていること」と辞書にある。さいだつ、とは出ていない。しかし、碩学《せきがく》の露伴翁が、よもや間違えることはないだろう。漢和辞典で調べてみた。漢音は「さい」、「シャ」は慣用読みとあった。やっぱり。

九紋龍

『水滸伝』に、「九紋龍史進」という豪傑が出てくる。

露伴の訳註書によれば、クモンリョウ、と読むらしい。坂本龍馬のリョウである。九紋龍はあだ名で、この人、体に、透明の玉を握った龍の文身《ほりもの》を入れていた。火の玉と見まがう赤毛の馬をあやつって出陣した。その様、まさに「龍の如し」と。

農家の生まれである。「学び成して武芸心胸《しんきょう》に慣《な》る」。熟達した。梁山泊の、百八人の一人となる。

梁山泊には、二人の頭目がいた。宋江《そうこう》と盧《ろ》俊義《しゅんぎ》である。宋江は盧に主導権を握ってもらいたかったが、半数が承知しない。盧の方は、宋が首領にふさわしい、と辞退する。梁山泊の食糧が尽きてきた。これの調達次第で、頭領を決めることにした。宋江は林冲や九紋龍を連れて東平府を、盧俊義は呉用《ごよう》や公孫勝《こうそんしょう》をひきいて東昌府に向かった。「日煖《あたたか》に風和《な》ぎ、草青く沙軟《すなやわ》らかなり」

さてどうなったか。

紅白

東平府を攻める際、九紋龍史進は、頭領の宋江に申し出た。

自分は昔ここに住んでいて、娼妓《しょうぎ》の李瑞蘭《りずいらん》と親しくしていた。金銀を持って李の家を訪ね、城中に逗留《とうりゅう》し、機会を見て城門を開きます。合図したら城に攻め入って下さい。宋江は了解した。

史進は女に会い、正直に打ち明けて協力を乞うた。女は金銀を受け取ると、いい加減に返事をし、娼家の主人にひそかに相談した。

主人言う。宋江は話のわかる大将と聞いているが、関係するとろくなことはないぞ。遊女を取り締まる遣り手《やりて》女が言う。密告した方がいい。巻き添えを食うのはごめんだ。私が訴える。奴《やつ》をつなぎとめておけ。覚《さと》られないようにしろ。

李は部屋に戻った。彼女の「面色の紅白定まらざるを」見て（顔色が青い）、史進が問うた。何かあったのか？

李が答えた。ご心配なく。階段を上る時、足を踏み外し、危うく転ぶところでしたと。「史進是《これ》英勇なりと雖《いえど》も、更に猜疑《さいぎ》せず」（疑わず）、敵に捕まった。殺される寸前、便所の穴より脱出する。

李師師

『水滸伝』は、梁山泊に集まった百八人の豪傑たちの物語だから、当然、男どもが活躍し、女性の登場が少ない。それでも娼妓の李瑞蘭とか李師師など、印象に残る女が時々現れ、重要な役割を果たし、舞台に色を添える。

『水滸伝』中、随一の美人は李師師である。何しろ彼女は徽宗《きそう》皇帝の寵愛を得た飛び切りの「歌舞神仙女」である。皇帝と師師の交流について、露伴は『大宋宣和遺事《だいそうせんないじ》』という書物を紹介する。この本が『水滸伝』の種本なのである。

皇帝はお忍びで師師の家を訪ねる。去るに当たって持ち物の鮫鞘《さめざや》を与えた。師師には賈奕《かえき》という情人がいた。皇帝に嫉妬した彼は師師の筆を借りてうっぷん晴らしの詩を書いた。鮫鞘を以て宿銭に代えた、という詩である。師師は人の目に触れんことを恐れ、化粧箱に収めた。これを訪ねてきた皇帝が見つけた。皇帝は師師の作詩と思い、むしろ彼女の機知に微笑した。そして何も言わず心にとどめ、いよいよ師師を愛した。

淑女画報

『水滸伝』全百二十回の最終回は、群盗の頭領・宋江が、徽宗皇帝より賜わった酒を、毒酒と知りながら飲んで死ぬ。皇帝には宋江を殺すつもりはなかった。皇帝の寵姫《ちょうき》、李師師は宋江らのために皇帝に奏上し、宋江らはついに国家より祀《まつ》られる。めでたし、めでたし。

露伴言う。「師師の水滸伝に於けるの地位関係、重くして且大《かつだい》なり矣」

李師師は実在の妓女という。「而《しか》れども其人《その》今や黄土《こうど》白骨《はっこつ》、誰か其の墓の在《あ》るところをだに知らんや」

露伴のこの「水滸伝中第一の美女李師師」は、大正六年に発表された。掲載されたのは、『淑女画報』という婦人雑誌である。中流階級以上の婦人がたが愛読した人気月刊誌だが、露伴のとっつきにくい硬派の文章が意外と好評で、何篇か中国詩詞にまつわる物語を同誌に寄せている。のちにそれらをまとめて『幽情記』と題して出版した。

大正期の淑女のレベルの高さ、恐るべし！

合図

露伴に、「雪たゝき」という小説がある。

雪をたたくとは、何だろう？　冬の民俗行事であろうか。露伴のことだから、造語ではあるまい、と辞書を引いたら、「物に付着した雪を叩いて落とすこと」とある。それなら、小説に書かれてある。

泉州堺の、とある物持ちの屋敷の裏口前、雪の中を歩いてきた男が、下駄に挟まった雪に足を取られ転びそうになる。いまいましくなり、夜をさいわい、屋敷の裏門にまず右の下駄をトントントンとぶつけ、ついで左のそれをトントン。雪たゝきである。とたんに門が内側から開き、若い女が現れて男の手を取り、屋敷に導いた。座敷に通されると、燭台《しょくだい》を手にした侍女を伴い、三十前のこの家の女主人が現れた。あかりに照らされた男を見るなり、棒立ちになった。

間違えたのである。迎え入れる男を。雪たゝきの音が、合図だった。女主人は、情人を待っていたのである。トントントン、トントンが、偶然にも一致したため誤って見知らぬ男を座敷に通してしまった。

にッたり

「雪たゝき」は、密通の発覚を恐れた金持ちの女主人が、男に「口止め料」を払おうとする。ところが、そのために男が事の真相を、一瞬にして覚るのである。男は「にッたり」と笑い、ついで「にッたり」が「にッたり」でなくなる。召使の女が主人に忠義であることを、たしなめる。

そして、こう言う。「教への足らぬ世で、忠義の者が忠義でないことをして、忠義と思うて死んで行く。善人と善人とが生命《いのち》を棄《す》てあつて、世を乱してゐる。エーッ忌々《いまいま》しい」

そして男は去り際に、この家の主人が大切にしている笛を盗んでいく。笛をゆすりの道具に使うつもりらしい。とここまでが前篇。

男は何者であるか。丹下右膳なる者が登場したり、女主人の相手の正体など、物語は複雑に進む。結末は実際に読んでいただこう。

発表時、昭和十一年の青年将校ら反乱の「二・二六事件」をもじった小説か、と露伴に質問する人がいたという。露伴は、そう考えるなら仕方ないと笑って答えなかった。『畠山記』という本に材を得た物語という。

勲章

昭和十二年四月に、第一回文化勲章が露伴に贈られた。六月に東京会館で祝賀会が開かれた。出席者は、約八十人、盛会であった。

露伴は次のような挨拶をした。

芸術というものは、国家から優遇されて出来るものではない。むしろ圧迫され、虐待されて、立派な作品を生み、遺すものである。うんぬん。

勲章を授けられ、それを受けた自分は、ホンモノではない、という皮肉である。

露伴の挨拶を筆記したのは、岩波書店の大番頭格であった小林勇である。小林は大正十五年に岩波の編集部員として初めて露伴を訪ねて以来、ひんぱんに往来し、昭和二十二年七月、八十一歳で露伴が息を引き取るまで、家族同然のつきあいを続けた人であった。文豪の言行、日常の姿を記録したのが、『蝸牛庵訪問記』である。尊敬する巨人のいい面ばかりではない、その反対の部分も忌《き》憚《たん》なくつづっている名著である。

III

巡礼の歌人、天田愚庵・他

──幕末明治群雄伝

何者なるや

「新玉《あらたま》の年は龍年《たつどし》立ててみよ其名《その》に負へる猛《たけ》き政府を」

百十九年前の辰《たつ》年正月に詠まれたものである。龍の名にふさわしい強い政府を望むという。明治三十七年二月八日、日本とロシアの戦争が始まった。歌の作者の願い通りに、「猛き政府」の出現である。

こんな痛烈な歌も詠んでいる。

「いさぎよく年は代れりいさ大臣汝《おとどな》もなどてか早かはらざる」

新しい年とともに、大臣の顔ぶれも変わらなくちゃ、という歌である。

作者は、天田愚庵《あまだぐあん》という禅僧である。歌でおわかりのように、この僧、ただ者ではない。

「位《くらい》のみ人のつかさと登りつめことわり暗き大臣等はも」

大臣というものは位階は高いが、道理には暗い。いやはやこまった人たちだよ、とうそぶいた歌である。

一体、何者なるや。戊辰《ぼしん》戦争で生き別れとなった両親と妹を、生涯を賭けて探しまわった男である。

元日生まれ

「まのあたり仇《あだ》を見すてて政府人年賀酒《つかさびとしほぐさけ》にけふ（今日）も酔ひたり」

明治三十七年一月一日の「日本」新聞に掲載された天田愚庵の歌。まもなく日露戦争が始まったが、歌の面白さは、たとえば「仇」が何であるか、時代を超えていろいろに解釈できることである。歌の理解においては邪道だろうが、現代にあてはめて読むことで、作品の生命が永遠であるともいえる。現代の仇は、何か。

話は変わるが、元日生まれの「有名人」の一人に、「海道一の大親分」こと清水次郎長《しみずのじろちょう》がいる。

本名を山本長五郎といった。静岡県清水港の船頭の三男である。元日生まれの子は、天才でなければ大ワルという言い伝えがあったらしい。江戸時代の話である。人に預ければこの限りでない、とされ、長五郎は叔父に引きとられた。叔父の次郎八には子が無かったので、やがて養子に迎えられた。次郎八の所の長五郎なので、次郎長と呼ばれた。清水港の次郎長が、日本全国に知られるようになったのは、先の天田愚庵のおかげである。

次郎長

元日生まれの侠客《きょうかく》、清水次郎長の一代記を著《あらわ》したのは、「山本鉄眉《てつび》」、これ天田愚庵の別号である。

書物は明治十七年四月、東京神田区淡路町の輿論《よろん》社から出版された。『東海遊侠《ゆうきょう》伝』（一名次郎長物語）という。

次郎長は「人と為《な》り躯幹《くかん》長大膂力《りょりょく》人に過ぐ」、体が大きく、腕力が強い、「常に武技を嗜《たしな》み能《よ》く角觝《かくてい》を為《な》す」、武術を好み、特に相撲に打ち込んだ。ある夜、四人組の強盗が押し入り、二十一歳の長五郎は奮戦したが、頭を斬られて卒倒した。命に別状は無かったが、これで人生観が一変した。子どもの頃、道ばたで旅の僧に呼びとめられ、お前は惜しいことに二十五歳以上は生きられまい、と予言された。何を馬鹿なと一笑に付したが、僧の言葉を思い出した。ならば太く短く面白く世を生きよう。「是《こ》れより身を遊侠に投し専《もっぱ》ら賭博《とばく》を事とし酒を飲み力を角《かく》し以《もっ》て快楽と為す」

原文は、こんな調子である。そう、幸田露伴訳註の『水滸伝』そっくり。愚庵はどうやら『水滸伝』を手本に執筆したらしい。

陰智機

清水次郎長の伝記『東海遊侠伝』は、天田愚庵の小説ではない。実録である。次郎長本人からの聞き書きである。しかし、全部が真実とも思われぬ。語る次郎長の自慢もあって、誇張があろう。愚庵の読者サービスとも見受けられる。

とはいえ、当事者でなくてはわからぬ描写も、多々ある。たとえば役人に追われた次郎長は、子分五人と山中を逃げまわる。

寒夜に野宿を決意する。痔《ぢ》を患っている次郎長は、枯れ葉や枯れ松葉を集めさせ焚《た》き火をする。体を温めたあと踏んで火を消し、そこに合羽《かっぱ》を敷いて、一同抱き合って寝る、とある。ぬく灰《ばい》を利用したわけである。小説でここまで細部を描くのは、容易でない。想像が追いつかない。

「陰智機」という語が、何度か出てくる。インチキである。賭博用語で、幻技《げんぎ》人を欺《あざむ》くの謂《いい》なり、とある。遠江国《とおとうみ》（静岡県西部）の方言という。イカサマバクチの、原義だろう。バクチを開くことを、盆を敷くといった。バクチ場で壺を伏せる茣蓙《ござ》を、盆茣蓙という。茣蓙を敷いて、バクチを始める。そのような遊侠世界の隠語が続々登場する。愚庵はそれらを懇切に解説する。楽しんで、書いている。

密告

八尾《やお》ケ嶽《たけ》の久六《きゅうろく》という侠客がいた。子分ともども、清水次郎長に面倒をみてもらった。それなのに次郎長が役人に追われ、妻を連れて名古屋に逃げた時、当地にいた久六は知らんぷりをした。次郎長の妻は病気になった。救いの手を延《の》べたのは、地元の侠客、長兵衛である。わが家は貧しいが、雨露だけはしのげる、と夫妻を呼んだ。次郎長は感謝し、薄情者の久六を恨んだ。妻が死ぬ。葬儀は元日である。元日生まれの次郎長は、どんな思いであったろう。

葬儀には遠近の侠客が集まった。その数に久六は恐れをなし、役人に次郎長の所在を密告した。初七日《しょなのか》に次郎長は急用ができ、長兵衛に寺への代参を頼んだ。長兵衛の身なりがひどいので、自分の着物を貸した。そのため次郎長と間違えられ、捕縛されてしまう。

知らせを受けて引き返した次郎長は、恩人を役人から奪回せんと斬り込む。時遅し、長兵衛は拷問死。次郎長は復讐《ふくしゅう》を誓う。

このあと森の石松が登場し、活躍する。天田愚庵著『東海遊侠伝』のクライマックスである。

逃亡

役人に追われて逃げる次郎長は、途中で子分八人と別れた。足手まといになったからである。次郎長の供をしたのは、政五郎と八五郎と石松の三人である。身体の大きな政五郎は大政と呼ばれていた。八五郎は森の太一の子分だったが、太一が殺されたので、仇討《あだう》ちに次郎長の援護を求めてきた。石松は三河の生まれである。主従四人は波瀾万丈の逃亡劇を繰り広げる。

憎い久六を仕留めてからは、詮議立《せんぎだ》てが厳しくなった。ある町で大道芸が行われていて、大層な人だかりである。偵察に行った大政が人をかきわけて進むと、どうも群衆の目つきが怪しい。目で合図を送るようである。突然、家の蔭から数十人が喚声を上げて飛びだしてきた。大政は刀を振るって逃げた。四人は崖に追いつめられる。やむなく飛び降りた。川に落ちた。大政は泳げない。溺死寸前を次郎長に助けられる。水で死ぬより斬り死にがまし、と大政が言った。

空の溝に生ゴミをかぶって伏せ、役人をやりすごした。石松いわく、潜伏の苦しみは、決闘の苦しみにまさると。

魯直

森の石松は讃岐《さぬき》の金比羅《こんぴら》さまに、次郎長親分の代参をする。目的は「還願《かんがん》」であった、と『東海遊俠伝』にある。かけた願をほどくことである。帰途、石松は近江の俠客から二十五両を預かる。親分の妻の香典である。これを知った吉兵衛《きちべえ》という者が、一時拝借を願い出た。「石松性魯直《せいろちょく》なり如何《いかん》ぞ其奸謀《そのかんぼう》を知らんや」。期日に返さぬどころか、石松を騙《だま》し討ちした。

次郎長は大政と小政（浜松の人。十一で次郎長に養われる。背が低い政五郎ゆえ、人呼んで小政）らを連れ、静岡西部の為五郎《ためごろう》なる遊俠人宅を訪れた。役人に追われて逃げ込んだのだが、偶然にも吉兵衛が子分十数名と共に滞在していた。彼は泡食って別室に隠れる。石松殺しが露顕《ろけん》したか、と一計を案じた。あたかも今到着した如《ごと》く表から現れ、国龍屋が石松を斬った、と告げた。国龍屋は吉兵衛と対立している。次郎長に討たせてしまおう、という魂胆である。この時、次郎長は初めて石松の死を知った。遠方から旅してきたはずの吉兵衛のワラジが埃《ほこり》にまみれていない。怪しい、とにらんだ。

フグ毒

次郎長は吉兵衛に隙を見せない。そのうちに、石松殺しの真相が次郎長の耳に入った。吉兵衛は人を介して、慰謝料と引き換えに許しを乞うた。次郎長は激怒した。子分の命を金に換える男と見《み》縊《くび》ったな。清水に帰った次郎長は復讐を誓う。吉兵衛らは鎧《よろい》兜《かぶと》に身を固め、殴り込みをかけた。たまたま次郎長は病気で、子分らと別宅にいた。無人の本宅を怪しんだ吉兵衛らは、策略と早合点、あわてて退散した。次郎長はやがて本復《ほんぷく》した。

ある日、次郎長一家はフグを買い、知人に料理させて宴を張る。

ところが、食べた者十一人が、その場で苦しみだした。フグ中毒である。次郎長は痛みをこらえ、柱につかまり、体を屈伸した。気分が晴れたので急いで裏の畑に走り、深い溝を掘った。子分たちを一人ずつかついで運びだすと、溝に落とした。首だけ地上に出させ、体に土をかぶせた。フグ毒は土に埋めれば消えるとの俗習がある。

しかし、二人は助からなかった。次郎長一家は気力が萎《な》えた。チャンスと見たのが吉兵衛で、九人で清水に押し寄せた。

器局

清水の町を隔たること一キロの所に、駕籠屋《かごや》という屋号の小料理屋があった。腹がへっては、いくさができぬ、と吉兵衛ら九人は裏座敷に上がった。勢いをつけるため酒を頼んだ。このことを清水の次郎長に通報した者がいた。

次郎長は大政小政ら六人を従え、駕籠屋に駆けつけた。大政ら五人に店を囲ませると、自身は小政と共に槍《やり》を持って座敷に飛び込んだ。吉兵衛は抜刀し、裏庭に出る。双方、激しく渡りあった。やがて次郎長の槍が相手の肩を刺し、頭を突いた。続いて胸を貫き、吉兵衛は絶命した。大政らが他の者を倒し、三人を捕らえた。三人は左手の中指薬指小指を切られて放された。二指のみ残したのは、食椀《わん》をつかむため、せめての恩情という。

このあとも、血なまぐさい話が続くのだが、もういいだろう。『東海遊俠伝』という本のあらましを知っていただければ、足りる。

さて、次郎長親分は藩の役人松岡某の説得に、ついに矛《ほこ》を収める。松岡は親分を山岡鉄舟《てっしゅう》に会わせた。鉄舟、「其器局《そのききょく》を愛し以《もっ》て之《これ》に説く」器局は、才能と度量である。次郎長悟《さと》る所があった。

鉄舟

「海道一の大親分」と恐れられた清水次郎長の素行は、山岡鉄舟の訓戒を受けて、ピタリ治まった。「是より其《その》粗豪《そごう》を悛《あらた》め更に形跡を謹柔《きんじゅう》にす」(『東海遊俠伝』)

幕末、西郷隆盛ひきいる官軍は、江戸城を攻めるべく東海道を進んできた。陸軍総裁の勝海舟が、西郷と会談して、江戸の町を戦火から守った。世にいう江戸城無血明け渡しである。海舟の功績が称えられるが、本当の功労者は、和議のお膳立てをした鉄舟であろう。何しろ命がけで、静岡に来ていた西郷に面会し訴えた。

十五代将軍の特命を受けて、鉄舟は敵の軍列のまん中を通り、本陣をめざした。斬られてもいい覚悟で、総督府に嘆願の筋あり、慶喜《よしのぶ》の家臣、山岡鉄太郎まかり通る、と連呼しつつ堂々と進んだ。

明治の世になって、政府が維新の勲功の聞き取り調査をした。大方の者が誇らかに自慢する中で、鉄舟は、健忘症なもので覚えていない、と答えた。西郷が勝に語った。彼のような命も金もいらぬ人間は始末にこまる。しかし天下の大事を語れる人はああいう人だ。

二十則

山岡鉄舟は旗本小野家のむすことして、江戸本所に生まれた。千葉周作の道場で北辰一刀流を学ぶ。

十五歳の正月、「修身二十則」なるものを作り、もって自戒とした。箇条《かじょう》の一番目は、「うそいふ可《べ》からず候《そうろう》」である。

そして二十番目は、「己《おの》れの善行をほこりがほに人に知らしむ可からず。すべて我心に恥ぢざるに務む可く候」とある。主君や父母、師や人の恩を忘れるな、腹を立てるな、過食をするな、草木土石を粗末にするな、と列挙した中に、「人にはすべて能不能あり、いちがゐ《い》に人をすて、或《あるい》はわらふ可からず候」という一条がある。

役人に憎まれていた清水次郎長を、たちまち改悟《かいご》させ心服させた、鉄舟という人の人格形成は、すでに十代で始まっていたのだ。その十六条に、「何時《いつ》何人《なんぴと》に接するも、客人に接する様に心得可《こころうべ》く候」とある。次郎長にも、そのつもりで応対したのだろう。十七条「己れの知らざる事は何人にてもならふ可く候」。任俠世界の話を熱心に聞いたに違いない。明治二年、鉄舟は静岡藩権大参事だった。

箱根越え

ある時、清水次郎長が単身上京し、山岡鉄舟を訪ねた。鉄舟が、「お前さんは頭がいい。学問を身につければ、鬼に金棒なんだがなあ」とおだてた。次郎長は書店に寄って、学問の本は無いか、と聞いた。たちまち、数百冊の書物が次郎長の前に積まれた。大いに驚き、こんなにたくさんあるなんて、とても見きれぬ、悪い悪い、手数をかけた、と謝って辞した。

静岡に帰る途中、箱根山を駕籠《かご》で越えた。悪い駕籠にぶつかり、崖《がけ》にわざと寄る。金をはずまないと落ちるかも、とおどすのである。次郎長は懐中の短刀に手をやった。鉄舟のくれた刀である。その時の言葉を思いだした。腹を立てたら負けだよ、と言われたのである。

これは鉄舟が十五歳の時に作った、「修身二十則」の九条である。すなわち、「腹を立つるは道にあらず候」。次郎長は「敢《あ》えて一気を忍び再び勉《つと》めて大に笑ふ」。悪漢ども気をそがれ、手を出さぬ。そのあと次郎長は寝たふりをした。

無事に三島の宿《しゅく》に着く。出迎えの俠客を見て、駕籠屋は客の正体を知った。次郎長は咎《とが》めなかった。

異風者

幕末、「最後の日田代官」窪田治部右衛門《くぼたじぶうえもん》は、官軍が攻め入る直前に逃亡、しばらく熊本の妻の実家に隠れたあと、やがて駿河の清水に現れ、回船問屋を営んだ。俠客の次郎長が訪ねてきて、縁側に腰かけたので、無礼者、と蹴落とした。それがきっかけで二人は親しくなった。

とは、井上智重《ともしげ》著『異風者伝《いひゅうもんでん》』の一節。この本は熊本の「変り者」九十五人の伝記風読み物だが、大変面白い（熊本日日新聞社刊）。

異風者を、熊本弁で「いひゅうもん」と言うそうである。異才のへそ曲がり、ということなら、山岡鉄太郎も勝海舟もその一人だろう。明治の世になり、山岡も勝も維新の功業により、華族に列することになった。山岡の歌。「食ふて寝て働きもせぬ御褒美に　蚊族（華族）となりて亦《また》も血を吸ふ」

山岡も勝も子爵を授けられた。勝は辞退し、こんな狂歌を詠んだ。「今までは人並の身と思ひしが　五尺に足らぬししやくなりとは」。ある人が辞爵の理由を訊《き》いた。勝は、「ナニ、伯爵が『ホシー』からだよ。それだけサ」。

若親分

『東海遊俠伝』の筆者、天田愚庵を、清水次郎長に紹介したのは、山岡鉄舟である。戊辰戦争で生き別れとなった両親と妹を探しまわる愚庵に、東海道を縄張りとする次郎長一家は、情報と便宜をはからってくれるだろう、と見込んだのである。さいわい愚庵は親分に気にいられた。どころか養子に迎えられた。愚庵は天田五郎から、山本五郎となる。

若親分は、次郎長の子分たちにも、歓迎された。愚庵はバクチも上手で、負けることがなかった。しかし勝負が終わると、稼いだ金は残らず子分たちに、公平に分配したという。これで不人気なわけがない。若親分とあがめられたのは二十八歳の時だが、十代の頃は手がつけられぬ暴れ者だったらしい。

戊辰戦争では、磐城《いわき》(福島県)平城《たいら》を守るべく、十五歳で出陣した。家を出る時、母が、「決して人と争ってはいけない。陣中は誰もが気が荒くなっているから、万事に慎むように」と訓戒した。

程なく落城、落武者《おちむしゃ》の一人となる。山野で味方とはぐれ、もはやこれまでと自決を覚悟した。

落武者

『血写経《けっしゃきょう》』という天田愚庵の伝記がある。筆者は、台麓学人《たいろくがくじん》という。この人についてはのちに触れる。今は『血写経』によって、愚庵の身の上を紹介する。愚庵本人の筆記を台麓学人が読み物風に書き直したのが『血写経』というから、内容はほぼ信頼できるだろう。

落武者となった十五歳の愚庵が、一人で山野をさまよっていると、突然、草むらから五、六人の兵が現れ、「イスか」と言いながら、槍を突きつけた。愚庵は身構える。相手は、なおも「イスか」と口々に問いつつ、迫る。愚庵は意味がわからなかったが、戦場の常で名乗りを上げた。平藩の者と告げたとたん、相手が表情をゆるめた。

彼らは仙台藩兵で、「奥羽越《おううえつ》列藩同盟」の盟主、薩長軍を迎え討つ同志である。「石」は藩の合言葉、愚庵の耳には訛《なま》って聞こえた。

彼らと共に阿武隈山中を逃げ回る。谷川の激流に流され溺死するところを、村人に助けられる。仙台に落ちのび、戦後を迎えた。

明治四年に上京。同郷人の世話で、神田駿河台のニコライ堂に身を寄せ、神学校に学ぶ。

亀次郎

儒教で育った天田愚庵に、ロシアの司祭ニコライの教えは、全く相いれなかった。あっせんしてくれた同郷の友が落胆した。愚庵は、両親と妹の行方を探すのが目的だった、と本心を打ち明けた。

それならいい人がいる、と紹介してくれたのが、石丸という者で、その石丸が小池祥敬に引き合わせてくれた。小池は、「世の豪傑に交り多し」、愚庵に山岡鉄舟と、国学者の落合直亮《おちあいなおあき》を橋渡ししてくれた。かくて愚庵は小池の食客となり、鉄舟から剣禅を、落合から国学を学ぶ。時に、十九歳。

翌年、落合は仙台の志波彦《しわひこ》神社宮司として赴任、愚庵も権禰宜《ごんねぎ》の身分で従った。仮の禰宜、宮司の事務手伝いである。仙台に神道中教院という学校が出来、落合は神職の傍ら教壇に立った。

鮎貝亀次郎《あゆかいかめじろう》という十二歳の生徒がいた。仙台藩筆頭家老の次男で、すこぶる頭がい い。愚庵と気が合った。亀次郎は師に望まれ養子となった。「青葉茂れる桜井の」の唱歌で知られる歌人、国文学者の落合直文《なおぶみ》である。二人は終生「断金の交わり」を続けた。

千代萩

「父君《ちちぎみ》よ今朝《けさ》はいかにと手をつきて問ふ子を見れば死なれざりけり」

落合直文の歌である。直文は病弱であった。天田愚庵は、手紙を送って友を励ました。聞くところによると君は病気の癖に不養生だというではないか。不養生をするくらいなら、医薬を遠ざけて死を待つに限る。死の歩みを一日でも遅くしたいなら、なぜ養生をせぬか。

「不審ノ余リ一書ヲ呈《てい》ス願《ねがわく》ハ猛省シ玉《たま》へ」

荒々しい言葉に愚庵の厚い友情が感じとれる。直文は歌を返した。

「生死《いきしに》の界《さかい》はなれし君なれどなほ千代《ちよ》ませとい のらるるかな」

千代ませ、は長生きせよ、の意である。

「父と母といづれがよきと子に問へば父よといひて母をかへりみぬ」

この子は、今朝はいかに、と父を案じた子であろうか。

直文は萩《はぎ》の花を愛した。それで萩之家《はぎのや》と号した。はかなげな感じの花だが、もしかすると、東北の海岸に自生する黄色い花の千代萩を指しているのではないか。直文は仙台《せんだい》藩の人である。四十三歳で亡くなった。

危難

天田愚庵が世話になった小池祥敬という人は、愚庵の伝記『血写経』に、「正院《せいいん》の大主記」を勤めていた、とある。正院は明治政府の最高官庁だが、大主記なる役目が何であるか、わからない。

仙台にいた愚庵に、小池から手紙がきた。近く正院をやめ、石油会社の創立に参加する。その株主募集のため、東海山陽より九州まで旅行する。ついては私に同行し、肉親探しをしないか。

愚庵は喜んで従った。九州に渡り、「長崎に在《あ》りけるころ、佐賀は兵乱起きて危難の事もありしかど首尾よく免れて東京へ帰りける」。

えらく簡単な記述だが、実際は大変な「危難」であった。

明治七年二月、西郷隆盛らと共に征韓論を主張した江藤新平が、故郷に帰って士族を結集し、政府に楯《たて》突いたのである。いわゆる、佐賀の乱である。しかし政府軍に鎮圧され、江藤は晒《さら》し首にされた。愚庵は一味の者と間違えられ、長崎の獄舎にほうりこまれた。

程なく疑いが晴れて釈放されたが、獄である人物と出会った。歌の師となる人である。

長崎

天田愚庵の投獄の真相は、実は、はっきりしない。佐賀の乱を起こした江藤新平の一味と思われた、と愚庵研究書にはあるが、あくまで推測のようで、具体的な根拠は示されていない。一味と疑われた行動があったのだろうか。

単純に考えると、一味の誰かと接触したことである。知らずに会って語りあった。これなら同志と誤解されかねない。誰かが問題で、以下は、私の気ままな推理である。

愚庵は長崎の獄に入れられた。

ということは、長崎で会った人物だ。佐賀の乱の直後に、長崎で活動していた反政府党の者はいないか。いる。明治十年の西南の役《えき》で、西郷隆盛と共に政府軍と戦い、全員が討ち死にした中津隊の隊長、増田宋太郎《ますだそうたろう》である。

増田は豊前《ぶぜん》中津の人、江藤新平が旗揚げした際、二百人あまりの同志をひきいて佐賀に向かった。しかし、反乱が鎮圧されたので、一行を帰郷させ、自分のみ長崎に出た。ここで愚庵と会ったと思う。増田は小郷吉右衛門という者を訪ねている。小郷は国学者、丸山作楽《まるやまさくら》の弟子で、師は長崎獄に在った。

流行語

増田宋太郎は豊前中津藩士の子である。生家の一軒隣が、十五歳上の福沢諭吉で、二人は再従弟《またいとこ》である。増田はいつもニコニコしている優しい子で、諭吉は「宋さん」と呼んでかわいがっていた。

宋さんが成人して、まさか自分を暗殺せんとつけねらう、とは諭吉といえども予想つかなんだ。増田だって同じだろう。

頭の良い子だった。九歳で渡辺重石丸《いかりまろ》の私塾に入門した。渡辺は平田篤胤《あつたね》学派の国学者で、増田は攘夷《じょうい》思想を植えつけられた。洋学者で、牛肉を食べる諭吉が許せなかった。つまり、思想の相違である。十五歳でこんな詩を作った。

「(前略)腥虜《せいりょ》を掃除するは何《いず》れの日ぞ/慷慨《こうがい》長く磨く日本刀」

腥虜は外国人である。掃除は、一掃する意だが、坂本龍馬の有名な言葉を思いだす。同志をつのって邪悪な役人どもといくさをし、「日本を今一度せんたく」する、の洗濯である。

実は龍馬が洗濯の語を用いた年に、増田は掃除の語を使って、先の詩を詠んでいる。洗濯も掃除も、当時の流行語でないかと思う。

読書人

「士は夷俗《いぞく》を欽《うやま》ひて邦俗《ほうぞく》に背き／民は胡神《こしん》を拝みて国神を忘る／面目《めんぼく》は皇州なるも魂は漢土／歎《たん》ずべし世上の読書人」

十七歳の増田宋太郎が詠んだ詩である。いたずらに外国の風俗を尊び、日本人でありながら魂まで洋風、これが現今の知識人だ。

再従弟の福沢諭吉を意識しての詩であろう。増田が諭吉暗殺を企てたのは、おそらくこの頃で、何度決行したろう。諭吉の『福翁自伝』で語られているのは二度だが、こんなものではあるまい。二度とも諭吉は、後日、真相を知った。

一度目は、自宅で中津藩の有力者と酒を酌みながら対談していた。増田は諭吉を斬るべく忍んできたが、来客は予想していなかった。客が帰るまで戸外に隠れていた。しかし一向に帰らぬ。夜更けに至った。増田は、あきらめた。諭吉いわく、「これは私が大酒《たいしゅ》夜更かしの功名ではない僥倖《ぎょうこう》である」。

たまたまの幸運だ、という。増田は朝吹英二《あさぶきえいじ》を刺客に仕立てたが、失敗した。朝吹はのちに大実業家となった。翻訳家の三吉《さんきち》と登水子《とみこ》は英二の孫に当たる。

船宿

明治三年の暮れ、福沢諭吉は老母、姪のおちい、それに妻の姉の今泉たう、その子六歳の秀太郎を連れて故郷の中津から上京した。

中津の西四キロのところに鵜《う》の島という港がある。そこから船で神戸に出るつもりで、一行は船宿に泊まった。宿の若主人が増田宋太郎の同志だった。諭吉暗殺に好機、と増田に通報する。諭吉の連れは女子どもばかり、よし、自分がやる、いや俺に任せろ、と増田の仲間たちが功名争いを始めた。

これを聞きつけた近所の老人が、ばかな真似はよせ、と止めた。口出しするな、なに国賊を斬るのだ、と論戦になり、意地の張り合いで夜が明けた。何も知らぬ諭吉は船に乗り、無事に東京に戻った。あの晩、増田らに踏み込まれたら、自分の命は無かったろう、と諭吉は『福翁自伝』で述べている。

もっとも今泉たうは、主婦とはいえ、千葉周作道場で薙刀《なぎなた》の免許を得ている。諭吉も居合《いあい》を使う。

たうの子の秀太郎は、長じて諭吉が創刊した日刊紙「時事新報」に漫画を描いている。現代漫画家の先達《せんだつ》の一人、号を一瓢《いっぴょう》という。

借金

「およそ世の中に何が怖いといっても暗殺は別にして、借金くらい怖いものはない」とは、福沢諭吉の述懐である。白刃《しらは》を持った者に追いかけられる心地がする、と言う。わかります、わかります。

増田宋太郎に命をねらわれた話を語ったついでに、諭吉は『福翁自伝』で借金に匹敵する怖い思いをした体験を明かしている。

洋学仲間と談論していて、つい時間を忘れた。夜ふけの帰宅となった。幕末の江戸の町は暗く静まり返っている。辻斬りが横行していた。前方から大きな体の武士が、一人歩いてくる。道はまっすぐで脇道がない。諭吉は覚悟した。

引き返せば、後ろからバッサリやられる。むしろ、こちらから体当たりをするつもりで進もう。居合の心得のある諭吉は、身構えながら近づいた。向こうも寄ってくる。すれ違った。相手は抜刀せぬ。諭吉はそこで夢中で逃げた。ずいぶん走って振り返ったら、相手も諭吉に劣らぬ駿足《しゅんそく》で走っていた。「今その人はどこにいるやら」壮健ならお逢いしたい。あの時の怖さ加減を互いに話したら面白いだろう。

かしの実

明治十年、西郷隆盛が兵をひきいて鹿児島を立ち、熊本城を包囲した。西南戦争である。豊前中津の増田宋太郎が西郷に応じて挙兵した。農民に与えた告示。官軍の徒、上は天子の御心を悩まし、下は人民の苦情を顧みず（略）「之《これ》を掃除せんとす」掃除という語がここにもある。そして、人民。「人民の艱苦《かんく》を救はんと欲す」と。

中津隊を組織し（六十名弱）隊長となり、大分城に向かう。増田は進発に当たり、老母に別れの歌を認《したた》めた。「かしの実の独《ひと》りの母を道のため置きて出《い》でたつ吾《われ》ぞ悲しき」

西郷軍は敗退した。増田は隊員に帰郷を勧めた。自分は西郷に殉じると言った。たった一度会っただけだが、「一日先生に接すれば一日の愛生ず。三日先生に接すれば三日の愛生ず」今は先生と生死を共にする、と隊員に告げた。司馬遼太郎著『翔ぶが如く』にそうある。隊員たちは承知しなかった。

鹿児島に入り城山の麓《ふもと》で、中津隊は全員が斬り込み、全員死んだ。城山が陥落したのは二十日後である。増田は二十九歳。写真で見ると婦人と見まがう美青年である。

母の心

増田宋太郎ひきいる中津隊が、延岡《のべおか》（宮崎県）に入った時、坂本常経《とこつね》という若者が宿舎を訪ねてきた。中津隊に加えてほしいという。年を聞くと十七と答えたが、もっと若そうであった。親の承諾が必要と、いったん返した。

翌日、増田は仲間と坂本家を訪問した。母子だけの家庭であった。「この子は幼くして父を失い、女手一つで育てました。従軍は本人の希望です」と納得ずくの上だった。増田は自分たち母子のことを考えたらしい。従軍を許し、こんな歌を詠んだ。

「いさぎよく討死せよとゆるせしも子を思ふ親の情なりけり」

長崎で初対面の天田愚庵に、増田が心を許したのは、愚庵の親を慕う情に打たれたからであろう。

さて、増田の一味と間違えられて、投獄されたと思われる愚庵は、ここで政治犯の丸山作楽と出会う。丸山は政府転覆を企て、終身刑の身だった。増田の尊敬する人である。歌を奉《たてまつ》っている。「堅磐門《かきわと》のかきはに坐《ま》せどさく花の君を思はぬ時はさねなし」

不動の岩の如く変わらぬ丸山の思想を称えている。

ひとや住まい

丸山作楽は肥前島原藩士で、若い頃から攘夷主義者の過激派として活動した。自分の意見が藩に聞き入れられぬと、白昼、火を灯した提灯を持って町なかを往来し人目を引いた。何の真似か、と役人に咎められると、いやサ、ここは闇夜だから、と答えた。お上をおちょくる気か、と獄屋に送られた。これが二十七歳の時である。一年二カ月禁固された。

三十二歳で新政府の転覆を謀《はか》って終身刑を受け、再び入獄。こんな歌を詠んでいる。

「よのなかの、ひろけきことを。いまそしる、ひとやずまひに。としのへぬれば」

作楽の歌の特徴は、すべて仮名で記されていることである。後年かなのくわい(会)を設立し、仮名の奨励をしている。ひとやは獄舎のこと。

作楽は明治十三年に恩赦によって放免されたが、実に九年間も獄中に在った。国事犯であるから厳しく看視されていたようだが、一方、反政府的行動が共感を呼び、増田宋太郎のような支援者が少なくなかったようである。これは筆者の推測だが、天田愚庵は増田と作楽の連絡役として獄舎入りを志願したのではないか。

鰻のカバヤキ

「あめのあした、かぜのゆふべは。ことにまた、ひとやすまひの。うさまさりゆく」

丸山作楽の歌。獄屋住まいの憂さ増さりゆく、である。囚人の作楽は、牢《ろう》外の支援者に稲荷鮨《いなりずし》を差し入れさせた。五目飯の鮨である。形は普通より小さい。飯の中に手紙を入れさせた。

万が一、露顕したら、ひと口で食べてしまう。稲荷鮨を一つずつ開けて改めるのは手間だし、五目飯の擬装もなかなかの着想だろう。

彼には六歳の娘がいた。役人の許可を受け、娘に手紙を書いた。片仮名のみの長い手紙である。

祖父母や母に甘えたり、物ほしがってねだりごとをしてはいかん。学校に休まず通い、読み書き算術、針仕事など世界一できるように。「イジンサンノクニノヨコモジ」外国語を読めるようになれ（外国嫌いの作楽がこう言う）。琴や三味線は決して決して習わぬように（これも意外）。面会に来る時は母に言って土産には「ウナギノカバヤキ」を頼む、「ホカノモノハナニモイラヌ」うんぬん。作楽は鰻《うなぎ》が好物だったらしい。娘は利発な子だったが、十二歳で夭折《ようせつ》した。

ガラクタ書生

明治十三年、丸山作楽は恩赦によって放免された。島原の禁固刑を合算すると、まる十カ年に及ぶ獄中生活である。作楽は四十一歳。

以後の足跡を略述する。忠愛社を起こし、新聞「明治日報」を発行する。鋭い筆の刃先で、「きたなきひとの、むねをさゝばや」という意味の歌を詠んでいる。刀をペンに持ちかえたのである。

他方でいろんな事業を起こした。「史学協会」や、「日本体育会」を設立する。陸軍士官学校の予備校を開校する。水難救済会も立ち上げた。明治二十三年、貴族院議員に任ぜられた。同三十二年、六十歳で逝去。同年、四百五十ページ余りの『丸山作楽伝』が出た。

これに天田愚庵が、「鉄眼《てつげん》」の法号で手紙を寄せている。自分が喀血《かっけつ》をして、神田駿河台の病院に入院していた明治十三年、先生はある人の名でお金を送って下さった。それで思いのままに養生できた。先生の門下に出入りして日も浅い「一のガラクタ書生」に、過分のお心遣い、人の困窮を見捨てて置けないご性格の方でした。「他に対しても都《すべ》て斯《か》くありし事」

まじめ

明治二十年、丸山作楽は欧州の旅に出た。外国地名を織り込んだ歌を詠んでいる。「うきじまり、うみとたひらに。みえつるは、ほるとさいとの。これのいへむら」題は「葡萄塞」。モロッコ沖の島「ポルトサント」のことである。ロンドンで、ヴィクトリア女王即位五十周年記念式典に列席している。

ベルリンのホテルで、旧知の日本人と会った。丸山は自室に誘い、ビールを飲みながら歓談した。暑い日だった。酒を汲《く》む時は日本式に限る、と丸山は二つ並べた椅子の上にあぐらをかいた。客にも勧めると、どうせなら、もっと日本式に裸になろうと、客がフンドシ一つになった。二人がその姿で談笑している最中に、女主人が入ってきた。悲鳴を発し、顔をおおって退散する。丸山苦笑して、歌を詠んだ。

「はつとばかり足をも空に逃げぬらん顔もほてるの女主人は」

天田愚庵が帰国した丸山に、外国でまず気づいた事は何ですか、と質問した。何事にもまじめなところだ、と答えた。そのひと言だけだった。

国家事業

丸山作楽が情に厚かったことは、天田愚庵に入院費用を贈った例で知れるが、頼ってくる者を無下《むげ》に断れないのである。保証人の判を押して、しばしば痛い目にあった。さすがに晩年は、借金依頼の用件に、次のような歌を記して、やんわりと謝絶した。「さしがねの　はかりかねつつおもひかね　はこびかねてぞ　まおしかねつる」駄目とは言い兼ねますけれど、である。

丸山はいくつか事業を起こしたが、すべて失敗に終わっている。理由は簡単で、国家の利益になると思われる事業にのみ熱中したからである。

これもその一つ、「大日本帝国保勝義会」なるものを設立した。丸山は明治二十二年、全国の宝物調査を命じられた。これによって景勝地や寺社の荒廃を知り、修復保存の方法を考えた末、富くじを発行して基金を集めることにした。しかし富くじの発行には法律を改正せねばならず、実現に至らなかった。

わが国の風景は世界に誇るに足る。外国から観光客を呼び国を富ます、という案は悪くない。

博文強記

幼少時の丸山作楽は、すこぶる神経質で、道を行くにゴミが一つでもあると、それを取り除かねば気がすまなかった。この性格が憂国の心となり、不正を憎み、義を唱える国士に形成された、とみる。

「博文（聞）強記とは実に先生の事にて候」と天田愚庵は語っている。読んだ本は、すべて記憶していた。昔の衣服や飲食の変遷などを尋ねると、この本にはこう、あの本にはかく出ていると、一つ一つその部分の文章を挙げて説明した。正確に暗記している。これらは、獄中読書の成果らしい。天田は丸山の特技を惜しんだ。筆記して本にしたい、と旧友に相談した。実現しないうちに、丸山は亡くなる。

丸山には著書が無い。頭の中で書いていたのだろう。余人には使い勝手の悪い書物ということになる。「読書にて道義を知る」という歌を詠んでいる。道義とは、人が行うべき正しい道のこと。

「ひとのゆく、みちのおくかは。みづからに、ふみみてたどる。ほかなかりけり」

書物を読んで知るしか法は無い、というのである。

海水浴

「おりたちて、しほあみすらし。をとめらが、あかもすそひき。いそわゆかすも」

丸山作楽の、海水浴の歌である。「潮浴《しおあ》み」をするのだろう、赤い腰巻ひとつの娘たちが、磯辺を行く。どこの海だろうか。それは、「さがむのや、よろぎのいそは。うましいそ、きよきなぎさの。おほいそこいそ」。

相模（神奈川県）の大磯である。大磯は歌枕で「こよろぎのいそ」という。うまし、は美しいである。

作楽は、水を好んだ。相模の葉山に別荘を構えた。鵜《う》の棲家《すみか》と人に笑われたが、岩石の突端に建てた別荘は、明治天皇の生母が散策の折に立ち寄られ、いたくお気に召された。作楽はこれを喜び、三首の歌を詠んだ。

新聞に載った歌を目にしたのが、正岡子規である。子規は万葉調に似て気高い歌品に感じ入り、この人の作をもっと読みたい、と願った。世に知られていないのが惜しく、何とぞして作楽の歌集をまとめられないか。友人に諮《はか》ろうと考えているうちに、作楽の訃《ふ》を聞いた。友人とは天田愚庵である。

半次郎

天田愚庵と正岡子規が親しくなるのは、明治二十年代である。話を急ぎすぎた。子規との交遊が始まるまでを、愚庵の伝記『血写経』で、ざっと見てみる。

長崎の獄舎から釈放された愚庵は、東京に戻った。明治七年、台湾出兵問題が起こる。仲間の陸軍大尉に誘われ、彼の従者となり軍船で台湾に渡っている。義勇兵としての従軍だろうか、詳細は不明。

二カ月ほどで帰国すると、九州に行く。博多で鮫島高朗《さめしまたかお》という人に会う。鮫島は戊辰戦争で、愚庵の生地、磐城平城を攻めた官軍の将校であった。戦争で行方不明の両親と妹の話をすると、鮫島が同情した。鹿児島の桐野《きりの》利秋《としあき》が情報を得ているかもしれない、と紹介状を書いてくれた。愚庵は鹿児島に桐野を訪ねる。

前年、西郷隆盛は征韓論に破れ、参議を辞職して東京を去った。西郷に愛され引き立てられた陸軍少将の桐野も同調し、故郷に戻った。

生まれ在所の吉野郷《よしのごう》に、粗末な小屋を建て、百姓をしていた。妻子は無い。若い頃、人斬り半次郎と恐れられた人物である。

農事生活

天田愚庵は、桐野利秋に気にいられたらしい。鹿児島の吉野郷という桐野の生地で、半年間ほど居候《いそうろう》生活を送っている。板葺き屋根に板壁の小屋に寝泊まりし、桐野と共に農作業に励んでいる。

後年、愚庵は清水次郎長の養子となり、富士の裾野の開墾事業にたずさわるが、おそらく、桐野に指導された農業体験が、ものを言ったと思われる。

桐野は西郷隆盛に目をかけられて陸軍少将まで昇り詰めたが、師の西郷は出世には全く関心が無く、どころか明治維新の革命が成功すると、隠退を考えた。栄達を嫌って、北海道で農業に従事するつもりであった。農業こそが国家の基礎である、と桐野に言った。桐野はもともと郷士身分の者だから、西郷の農業立国論に異存はない。

西郷と共に下野《げや》すると、さっさと百姓になった。

明治八年、愚庵は東京に戻る。戻ってまもなく、警視庁に拘引《こういん》された。この辺のいきさつは、よくわからない。禁獄三十日。出獄すると、久しぶりに故郷の福島に帰った。

帰郷

天田愚庵にとって四年ぶりの帰省である。故郷（福島県）の平《たいら》は、戊辰戦争の傷跡がなまなましく、武家屋敷のあった辺りは、一面の菜の花畑に変わっていた。どこが我が家だったか、吹く風に問うたが答えぬ、という歌を愚庵は詠んでいる。彼は実兄を訪ねた。

十五歳上の真武《まさたけ》は、県庁に勤めていた。兄弟は、行方不明の両親と妹の捜索に、なお一層の努力をすることを誓いあった。半年後、愚庵は北海道に向かう。千島列島に渡るつもりだったらしい。しかし、雪の寒さで体をこわした。

函館に、藩校の学友がいた。実業界で成功していた友が、愚庵の面倒をみてくれた。翌年、あたたかくなったので東京に戻った。山岡鉄舟の援助で、養生する。この年、西南戦争が起こり、愚庵と親しかった増田宋太郎や桐野利秋が戦死した。

ある日、愚庵は思いがけぬ旧友と出会う。仙台の神道中教院で、落合直亮《なおあき》の教え子だった国分《こくぶ》豁《とおる》である。国分は司法省法学校に学んでいた。愚庵はその寄宿舎に遊びに行く。

水と舟

司法省法学校は、ひと口で言えば官費でエリート官僚を養成する学校である。フランス法を学ぶ。

国分豁は後年、青崖《せいがい》と号した漢詩界の大立者《おおだてもの》だが、この年（明治十年）はまだ二十一歳、三つ上の天田愚庵に、学友たちを紹介した。

一人は国分と同い年の中田実《みのる》である。中田は津軽藩士の子で、二年後、親戚の陸《くが》家をついで、陸姓に変わる。そしてのちに漢文調の硬派新聞「日本」を創刊経営、羯南《かつなん》の号で論陣を張った。人民は水で、政治家は舟という。水は舟をよく載せるが、一方よく舟を覆《くつがえ》す、と。

また、政治家の資格は何かといえば、次の三つである。いわく、気力、才略、徳義。平成の政治家に、この三つは備わっているだろうか。もしかして、才略のみでは？

閑話休題。羯南は正岡子規を世に出した恩人だが、愚庵の遺稿をまとめた陰徳の人でもある。のちに改めて紹介する。今は国分の学友である。愚庵に引き合わせたのは他に加藤恒忠《つねただ》（拓川《たくせん》）、彼は子規の母の弟。つまり叔父に当たる。そして福本日南《にちなん》。国分や羯南と同年の彼は、父が丸山作楽と親友同士だった。

竹一本

司法省法学校は、明治九年九月下旬に開校した。フランス法律学の専修校である。予科四年、本科四年、計八年が修業年限であった。

試験は漢文で行われた。国分も陸も加藤も福本も、二期生である。大正七年から十年まで首相を務めた原敬《はらたかし》も、同窓である。

彼らに紹介された天田愚庵だが、中で最も意気投合したのが、のちに新聞「日本」を起こす陸実であった。しばらく陸の人となりを語ろう。

愚庵と知りあった明治十年の大みそか、陸は正岡子規の叔父・加藤恒忠ら四、五人と、千葉県市川に散歩に出かけた。有名な「八幡《やわた》の藪《やぶ》知らず」を見に行ったのである。踏み入れたら、出ることができないと言われる広大な竹藪である。聞くと見るは大違い、大したことはない。折角だから竹を一本みやげにしよう、と番人に頼むと、代金はいくらでもよい、自分で切ってくれ、とナタを貸してくれた。

竹をかついで藪を出たとたん、巡査に咎められた。買ったと弁明したが、ここは官林だ、売人がいるはずがない、と鼻であしらわれた。

化かされる

竹は確かに番人から買った、竹林が官有林か民有林かは、自分たちは知らない、と陸実は巡査に説明した。とにかく番人に聞いてくれ、と巡査ともどども竹林に引き返した。

ところが、どこにも番人の姿は見えない。そこに村人が集まってきた。書生さんの主張する銭はこれでは？　稲荷《いなり》の祠《ほこら》に供えてありましたぜ、と差し出す。

陸たち法学校生は番人にからかわれたのである。巡査は承知しない。とにかく警察署に来い、取り調べる、と息まいた。陸が仲間に耳打ちした。ここは自分に任せよ、僕一人でしたことにするから、皆は黙っていろ、と言った。

陸と加藤恒忠の二人が勾留され他は許された。学校には門限があり、五分でも遅れると一週間の外出禁止である。そこで陸は仲間の一人を大急ぎで帰すことにした。その際、いいか、先生には何もかもありのまま報告しろ、決して嘘をつくなよ、と釘を刺した。

陸と加藤は拘置所で年を越すことになった。自分らは罪人ではない、宿屋から夜具を取り寄せろ、と談判し、結局、承諾させた。

気力

市川警察署に留置された司法省法学校生の陸実と加藤恒忠は、自分たちは罪人でない、罪人用の布団はいやだ、とダダをこね、旅館から夜具を取り寄せさせた。その際、食事も注文した。加藤が年越しの一本も所望しようか、と陸に諮《はか》った。いや、酒はよせ、穏やかでない、とたしなめた。

翌朝、警察署には参考人として村人たちが数人呼びだされた。彼らのぼやき声が、陸たちに聞こえた。折角の元日なのに、家族で祝おうと楽しみにしていたら、書生さんたちのためにひどい目にあった。年の初めから縁起でもない。陸と加藤は身をちぢめた。陸らは署長に面会を求めた。

自分たちはまことに申し訳ないことをした、村人たちを帰してほしい、罪に服す、と謝った。わび証文を入れる条件で放免してくれた。

二人が帰校すると、校長が警察に謝るとは気力が無い、と叱った。とたんに陸が激怒した。

私は巡査でも誰でも自分が悪ければ謝る。悪くなければ大臣といえども謝らない。あなたは相手が弱小なら非を通すのが気力と言うか。

校長が押し黙った。

まかない征伐

司法省法学校生の陸実は、仲よしの加藤恒忠、福本日南、国分青崖を誘って、夏休みに富士登山をした。国分は白シャツの背に墨で「忠肝義胆」と記し、下駄ばきである。御殿場から頂上をめざした。

この四人は、寄宿舎で同室だったようである。予科生と本科生は、部屋が異なる。食堂は共同だった。寄宿生の最大の関心事は、食事である。たぶん、ご飯の盛りが少ないとか、メニューが単調であるとか、些細な不満からだろう、バンカラの国分と福本が予科生らの先頭に立って食堂へ押しかけた。これを「まかない征伐」と称した。個別に乱暴をしたわけではない。うっぷんを口々に叫んだだけだが、学校側が問題にし、主謀者の二人を退学処分にした。

処分は不当だ、と陸が抗議した。のちの総理の原敬も、陸に同調した。校長は陸と原も退学にした。どうやら陸は「竹林事件」の口答えで、校長に疎《うと》まれていたらしい。同室四人組は、かくて、二年半ほどで法学校生活とおさらばする。再び行動を共にするのは、陸が新聞「日本」を起こしてからだ。

学海

司法省法学校を退学したのちの陸実は、故郷の「青森新聞社」や、北海道の製糖会社に勤めたが、長続きせず、再び上京し、翻訳で生計を立てた。山林実務の本や、『主権原論』などを翻訳出版している。太政官《だじょうかん》文書局に入り、官報の編集にたずさわる。

明治十七年、二十八歳で結婚した。花嫁は十六歳、海軍軍医の娘である。仲人は、漢学者の依田学海《よだがっかい》。学海は少年の森鷗外に、漢文を教えた人だが、文芸や演劇にも造詣が深く、戯曲や小説も書いている。幸田露伴の才筆を認めて、作家デビューさせた人である。

学海の作品は今では読まれなくなったが、日記は『学海日録』の書名で公刊され、これは明治文学や学芸文化の第一等資料として珍重されている。

人の縁の不思議さは、学海と陸の関係から、やがて露伴とその友人、饗庭篁村《あえばこうそん》を通し、天田愚庵と結びつく。

正岡子規を世に出したのは陸だが、子規は初め小説家になりたかった。露伴文学に傾倒し、自作を露伴に読んでもらった。しかし、いい返事をもらえず、小説を断念した。

「日本」創刊

明治二十二年、陸実は新聞「日本」を創刊した。現在の新聞と同じ大きさで、創刊号は四ページ、これに二ページの付録がついた。

陸は創刊の辞を記し、連日、社説を執筆した。たとえば、「大臣の出処進退」について述べている。まず、大臣の地位を受けるに当たって、自分の胸に問うべきこと三つ、として、果たして君主は自分を信じるか、国民は自分を愛するか、同僚大臣は自分と意見が同じだろうか、この中の一つでも欠けるなら大臣の資格無し。大臣を受けてはならない、と。

また、言う。政治家に最も必要なのは人望である、政治はその次と。

また、言う。「今日に在りて我が内閣の憂《うれい》は人材の乏《とぼし》きに在らずして、寧《むし》ろ政治の方針統一せざるに在り」現在の内閣を予測しているようではないか。

陸は言う。「我輩《わがはい》は連帯責任の内閣を希望する者なり」

「日本」が創刊された日は、大日本帝国憲法が発布された二月十一日である。衆議院議員選挙法が公布された日でもあった。以来、政治の質は一向に変わらぬ。

ニッポン

ところで、新聞「日本」は何と読むのだろうか。ニホンか、ニッポンか。筆者は長谷川如是閑《にょぜかん》の説に従って、ニホンと読んできた。評論家で文化勲章を受章した如是閑は、二十九歳で日本新聞社に入社した。正岡子規が亡くなった翌年である。陸実が社長をやめる時、一緒に退社した。

その如是閑が紙名をニホンと読み、ニッポンとは言わなかった、と証言している。ニッポンの発音は軍人が広めたという。ニホンでは勇ましく聞こえないからである。当事者の証言だから間違いあるまい、と思っていた。

筆者が読んでいる、昭和四十三年以降に刊行された『陸羯南全集』には、陸執筆の「創刊の辞」及び「日本と云《い》ふ表題」が収録されているが、日本にはルビが振られていない。ところが現物の写真を見ると、ニツホンとルビがある。当時は濁音や半濁音を示さず、清音表記だったから、これはニッポンと読むのだろう。全集はなぜルビを省いたのか。「創刊の辞」に出てくる「曲事」もルビが無く、写真の原文ではクセゴトでなく、ルビで「ひがごと」と読ませている。

識認

「人民は水なり、政事家は舟なり」と陸実は言った。「水能《よ》く舟を載せ、水能く舟を覆す」

つまり、水はまことに柔らかく頼りない、しずくの時には、ゴミ一つ浮かべることができない。しかし流れて川となり、海に注ぐ大河と変われば、実に簡単に山を崩し、土地を削る。なにものもその勢いを止められない。人民は水の如きものである。一人の働きは知れたものだが、いったん結合し団体を組むと、いかなる猛政事家でも、いかなる強政府も制御することはできぬ。集合の力は、敵無しである。政事家は従って人民世論の風潮を察して運動しなくてはいけない。

陸は「政事家」という文字を用いているが、政治家と同義で誤りではない。そういえば、いつからか政事の文字を見なくなった。もっぱら政治であり政治家である。

陸は「認識」を「識認」、「供給」を「給供」と逆に用いる。「撤廃する」が、「廃撤する」である。これは間違いでなく、当時は当たり前に遣われていたらしい。現代人は誤植と思ってしまう。陸の論文には註《ちゅう》がいる。

もらい泣き

陸実が日刊紙「日本」を創刊し羯南の号で論陣を張っている間に、天田愚庵のその後を追ってみる。

以前語った恩人の小池祥敬が、事業に失敗した。一緒に株主募集で汗を流した石油会社が破産したのである。小池はあと始末の苦労で、体をこわした。愚庵は山岡鉄舟の助力を乞い、小池の入院や負債の問題解決にとびまわった。しかし、恩人は死去、夫人と子ども五人が遺された。葬儀を済ませると、愚庵は遺族を京都の親戚宅に送り届けた。

話は変わる。島本久恵《ひさえ》という女性作家がいる。『長流』という全八巻の長篇が代表作の、知る人ぞ知る作家だが、詩を学ぶ人はたぶんこの人の『明治詩人伝』を、女性史を研究するかたは『明治の女性たち』という著作を、まず読みなさいと勧められたはずである。戦前から書いていた作家だが、一般に認められたのは昭和三十六年に、みすず書房が私家版の『長流』を公刊してからである。彼女は小学校も出ていない。十一歳の時、新聞で愚庵の死亡記事を読み、その数奇な生涯にもらい泣きした。

水野夫人

島本久恵の父は病床にあり、十一歳の彼女は母と内職をして、その日暮らしをしていた。そんな親子をふびんに思い、何かと目をかけてくれたのが、家の前に住む水野夫人であった。ある時、久恵が夫人の前で、天田愚庵の名を口にした。愚庵という人の生涯と歌が、忘れられなかったからである。すると、夫人が『愚庵遺稿』という本を持ってきてくれた。発行されたばかりの本である。久恵は読めない字を親に聞きつつ、夢中で読んだ。後年、どうしてもその本を再読したく、神田の古書店を探してまわった。しかし、見つからなかった。谷中《やなか》の天竜院の住職に何気なく本の話をしたら、大切な蔵書だが進呈しよう、と奥から出してきた。住職は爾《その》孝暢といい、小池祥敬の末子であった。愚庵が祥敬の死後、京都の親戚に送り届けた一人である。当時五歳で、ある寺の養子になった。久恵が驚いたのは、先の水野夫人は孝暢の姉で、祥敬の次女であった。

久恵は水野夫人を主人公の小説を書いた。愚庵も登場する。ヒロインの初恋の相手である。

写真師

天田愚庵と水野夫人をモデルの小説は、『貴族』という。島本久恵著、昭和四十八年七月に、筑摩書房から上下巻揃いで発行された。

水野夫人は小説では幽里《ゆり》という名で登場する。五歳から、大正十二年二月六十歳までの、女の一生である。少女の久恵が夫人と会ったのは、夫人が四十代の頃と思われる。夫人と愚庵のほのかな恋は創作としても、夫人の生涯はおおむね事実ではないかと思われる。

幽里は宮家《みやけ》に奉公に上がり四歳の若宮のお守りをする。幽里は二十二歳の宮に信頼され愛された。

ある日、宮は家族の写真を撮るべく、浅草の江崎礼二《えざきれいじ》を呼んだ。江崎は当時評判の写真師である。その時、助手としてついてきた男を見て、幽里は覚えず声をあげた。初恋の人、愚庵であった。

宮家に出入りしたか否かはともかく、愚庵が浅草の江崎写真館に弟子入りしたのは事実である。両親と妹の行方を探すには、写真師となって全国をまわるのが得策と考えたからである。小田原で開業したのち、旅回りをしている。そして清水次郎長の養子になった。

出家

清水次郎長の養子になった天田愚庵は、富士の裾野の開墾事業に従事、しかし経営はうまく運ばず、更に健康を害し入院、次郎長の籍を返上した。大阪の新聞社に勤めたりしながら、両親と妹の行方を探しまわったが、一向に消息をつかめなかった。三人と別れて、すでに十八年、ある日、恩人の山岡鉄舟に呼ばれ、こう諭《さと》された。「ここまで手を尽くして、なお見当たらぬ。外をまわって探すより、自分の心の内に肉親を見ることを願ったらどうか」

鉄舟は京都天竜寺の滴水《てきすい》禅師に紹介状を書いてくれた。滴水は鉄舟の悟道《ごどう》の師である。愚庵は当時、京都林丘寺の住職であった滴水を訪ね、出家した。禅師から、「鉄眼《てつげん》」の法号を授けられた。明治二十年四月のことである。

翌年七月、鉄舟が亡くなった。五十三歳である。勝海舟の談話がある。見舞いに行くと、白装束に袈裟《けさ》を掛けた鉄舟が座禅を組み、周囲を門下生が囲んでいた。海舟に笑って見せ、ただいま臨終に進むところ、と言った。海舟が帰宅すると死去の通知がきていた。

柿好き

明治二十五年、愚庵は京都の清水産寧坂《さんねいざか》に庵《いおり》を結んだ。師の滴水より、すべからく大愚に至るの偈《げ》をもらい、これより愚庵と称した。この年に日本新聞社に入社した正岡子規が、二度、愚庵を訪ねている。

子規は昔から愚庵を知っていたらしい。むろん、叔父の加藤恒忠の紹介だろう。愚庵も十三歳下の子規を気に入っていた。子規が病床にふした時、愚庵は、「まだ死ぬな雪の中にも梅の花」と励ました。子規は親友の夏目漱石にも、愚庵のうわさをしていたようだ。漱石の明治三十年の句に、「一東《いっとう》の韻に時雨《しぐ》るゝ愚庵かな」がある。

愚庵が漢詩を作っている情景を詠んでいる。漱石は愚庵と会ってはいないようである。この年、愚庵が子規に手紙を書いた。わが庭に「つりがね」という柿の木が一本ある。秋、収穫したら進呈する。子規が、それまで死なないで待っている、と返事した。

待望の柿が届いた。十五個である。柿食えば鐘が鳴るなり法隆寺、の名句で知られる子規は、無類の柿好きで、十五くらいぺろりだった。

まさきく

柿に目のない正岡子規に、愚庵は庭にみのった「つりがね」という柿を十五個贈った。ところが子規から届いたという返事が無い。愚庵は歌を寄せた。「まさをかはまさきくてあるかかきのみのあまきともいはずしぶきともいはず」

まさきくは真幸くで、達者でいるかの古語である。

子規は実は遅れたが礼状を認《したた》め、次の句を記していた。「つりかねの蔕《へた》の所が渋かりき」

愚庵の「まさきくてあるか」の手紙を見て、まずその歌の面白さに感動。自分も「出放題にうなり出し」たと、六首の作を示した。

その中の一首が、「柿の実のあまきもありぬかきのみの渋きもありぬしぶきぞうまき」で、これが歌人・子規の誕生といわれる「柿の歌」である。俳人から歌人に変身した子規は、「歌よみに与ふる書」を書いて、短歌革新運動に進む。愚庵は近代短歌の助産師の役を果たしたことになる。

病が重くなった子規は、愚庵の歌を詠む。「折にふれて思ひぞいづる君が庵《いお》の竹安けきか釜恙《かまつつが》なきか」明治三十五年柿の秋に死去。

長虫

「来る年も又《また》来る年もくる年も徒《いたづ》らにのみ暮るる年哉《かな》」

愚庵の歌。まさにその通り、年を重ねると一年の過ぎる早さは以《もっ》ての外《ほか》である。しかし愚庵の場合は、行方不明の両親と妹が一向に見つからぬ。空しさと、わが身の老いていくあせりと、禅に帰依《きえ》してもあきらめられぬいらだちと、こもごもの実感だろう。

こんな歌も詠んでいる。「逝《ゆ》く年は惜しけくもなし春待ちて花をし見まし老《おい》ぬともよし」来る年は何か良い事があるだろう。老いを忘れさせるような吉事が、きっと。

さてこの稿をつづっている平成二十五年は巳年《みどし》、愚庵は蛇の歌を詠んでいないだろうか。ありました。「野山這《は》ふ蛇の長虫ふたつくび右も左もゆきがてにする」

二つの首の蛇（長虫も蛇のこと）が右にも左にも行きかねているというこの歌は、明治三十一年の大隈重信内閣を諷刺《ふうし》している。当時、自由党と進歩党が合流して憲政党を結成した。そして初めての政党内閣が誕生したが、たちまち分裂、内閣も瓦解《がかい》、現代の政界の如し。いや、今は八つの頭と尾を持つヤマタノオロチか。

好取組

大相撲の初場所が始まったが、愚庵も大層な相撲ファンであった。こんな一連の歌を詠んでいる。「この相撲ただ一つがひ見むためと西の都《みやこ》ゆはろばろに来つ」

明治三十六年、愚庵は五十歳である。たった一番の勝負が見たいために、京都から上京したのだ。

その取組とは、「東《ひんがし》は梅ヶ《うめが》谷《たに》かよ西は誰《た》そ常陸山《ひたちやま》とぞ名乗あげたる」。当時の大相撲は両国の回向院《えこういん》で行われた。晴天十日の興行である。六年後にここの境内に常設館が建設された。国技館である。作家の芥川龍之介は、回向院境内の幼稚園に通った。小学校時代が常陸山と梅ヶ谷の全盛期であった。愚庵が夢中になった頃である。「梅とよび常陸とさけび百千《ももち》人《びと》声をかぎりにきほひとよもす」

競うように、意気ごんだ声援が鳴り響いた。「潔よくしきれ壮夫《ますらを》立つ時に待てとはいふなまちはするとも」。この頃、こんな歌が流行していた。「腰じゃ荒岩、力じゃ常陸、腕のよいのは梅ヶ谷」
「突く手さす手見る目もあやに分かねども組みてはほぐれほぐれてはくみ」。さて軍配はどちらに？

実弟

明治三十六年五月場所の千秋楽は「東の梅ヶ谷と西の常陸山」の対決である。勝負がついた。愚庵は興奮気味に、こう詠んでいる。

「東《ひんがし》の関もなげたり常陸山天《あめ》が下《した》にはただひとり也《なり》」

常陸山は四股名《しこな》の通り常陸国（茨城県）の出身、水戸の人である（よけいな話だが、『広辞苑』の四股名の説明に、力士の呼び名、梅ヶ谷、常陸山の類、とある）。

筆者の郷里の偉人だが、個人的には妙な縁がある。二十代の初め、筆者は東京下町の剣道場に通った。先生は北辰一刀流六代目の柳沼《やぎぬま》鉄水という人である。

酒の好きな先生は、稽古が終わると一杯ふるまってくれた。興至ると昔の思い出を語ってくれた。

先生は若い頃、水戸の東武館で修業された。水戸藩の剣の師範は、北辰一刀流の開祖、千葉周作である。先生の修業当時は小沢一郎という師で、市毛《いちげ》という若者が代稽古をつけていた。この人は武術指南の息子で、八歳で入門、すごい使い手だった。相撲も強く、十両級の力士を投げ飛ばした。強いのも道理、常陸山の実弟だった。

易者

常陸山と梅ヶ谷は明治三十六年にそろって横綱に昇進した。三十歳の常陸山が十九代、四歳下の梅ヶ谷が二十代横綱である。

翌年一月二十日付の「中央新聞」が、常陸山の正体を隠し、本名と生年月日のみを易者に示して占ってもらったむねの記事を掲げた。風見明著『横綱の品格』によると稀にみるスケールの大きな人で、最高の名誉を得る、と出た。

本書には易者の名が記されてないが、この新聞は著名人の吉凶判断が売りだったらしく、ちょうど十年前にも天田愚庵が私淑した丸山作楽を占った記事が載っている。この時は姓名を告げず、貴族院議員である身分と、生年月のみ示して易を立ててもらった。運の浮き沈みが激しい人、と出た。明治三十年か三十五年には志望の事業が成就する。ただし本人の生存中かどうかはわからぬ。その通り、丸山は三十二年に亡くなった。

占った人は「芝浦道人」である。どういう人なのか不明だが、丸山は易に興味があったらしい。肉親探しに奔走する愚庵に、著名な易者を紹介した気配がある。

高島易断

明治十八年のある日、愚庵は易者を訪ね、行方不明の両親と妹の安否を占ってもらった。日本一、と評判の高い易者である。「震索々《しんさくさく》たり。視《み》ル矍々《かくかく》。往《い》ケバ凶」と出た。易者が解説する。

震は東方である。東北または北海道だが、尋ね求めても失望する。妹は健在だが、両親はすでに世を去っている。更に、「震其《その》身ニオイテセズ。其隣《となり》ニオイテス。咎《とが》ナクシテ婚媾言《こんこうげん》有リ」、妹を尋ね当てても、私は妹ではない、と嘘をつくだろう。妹は結婚しており、夫がいかなる人物か不明だが、何か妹と名乗れぬ複雑な事情があるのだろう。従って、なつかしく万感の思いがあるだろうが、隣家まで行って引き返すがよろしい。会わぬ方が賢明である。

愚庵は聞いてうなずき、以前、天徳という女易者に占ってもらったら同様のことを言われた、東北の落合という所に、妹はいると教えられ探したが無駄だった。先生の占われた理由によるのかもしれない、と語った。易者の名は高島嘉右衛門《かえもん》という。以上の話はその著『高島易断』にある。

杉浦重剛

高島嘉右衛門の易占いは、すこぶる適中《てきちゅう》すると大いに評判になった。占例をまとめた『高島易占』を、明治十三年に発行する。十六年に第二篇を、十八年に第三篇を出した。占例は増える一方で、明治十九年『高島易断』と改題し、全十巻を刊行した。二十七年には全十七巻に増補、三十九年に決定版を発刊した。筆者はこれの復刻版（昭和五十七年・八幡書店刊）を読んでいる。皇太子時代の昭和天皇に、帝王倫理を御進講した杉浦重剛《じゅうごう》が、跋文《ばつぶん》を記している。

杉浦は陸羯南に「日本」新聞を発行させた人である。一時は社長代理も務めている。イギリスで化学を学んだ杉浦は、意外にも高島易の信奉者であった。易は理学であるという。

高島が天田愚庵を占った例は、第四巻に出ているが、天田は「山田」の姓である。愚庵の本名は天田五郎だが、山田五郎とある。誤植でなく、高島が耳で聞いた名を早合点で筆記したと思われる。

高島は陸の易断もしている。愚庵が占ってもらった七年後、杉浦が陸を連れてきた。

解停

明治二十五年十月二十五日、天田愚庵の親友、陸羯南は、杉浦重剛や、地理学者の志賀重昂《しがしげたか》、評論家の三宅雪嶺《みやけせつれい》らと、「高島易断」の高島嘉右衛門に面会した。陸が主宰する新聞「日本」は、突然、発行停止の処分を受けた。高島は「前夕《ぜんせき》政府ヨリ停止」されたと記しているが、事実は二十一日である。いつ「解停《かいてい》」(明治語である。停止を解く)されるか、易で占ってほしい、というのが陸の用件だった。高島は承諾した。

陸は二十日の社説に「社交的貴族」を、翌日は「港則論」の一を書いている。前者は貴族制度の非を、後者は港の規則をようやく政府が制定しようとしているが遅い、外国に対して政府は及び腰、交渉に必要な港則を設けるのが先決、政府お得意の「偶然流儀」の発案でなければお国の為《ため》に喜ぶ、と皮肉な文章だが、これが政府の怒りを買ったとは思われぬ。

高島の易断は、八日か九日で必ず解停と出た。その通り、八日間の停止ですんだ。復刊三十日号で陸は「港則論」の二を発表している。そして喜びを杉浦に伝えた。

声は高島

なにがしという政府高官が、高島嘉右衛門に易判断を頼みにきた。

昨夜、盗人が蔵に忍び入り、物色して逃げたのだが、持ち去られた品の中に、勲章と大礼服がある。これは自分にとり掛け替えのない貴重な物、何とか早く探しだしたいのだが、見つけるヒントがほしい。お安い御用、と筮竹《ぜいちく》を取る。

「羝羊《ていよう》藩ニ触レテ退《しりぞ》ク能《あた》ワズ。進ム能ワズ。ヨロシキトコロナシ。艱《なやめ》バ則《すなわ》チ吉《きち》」と出た。

羝羊は、オスの羊のことである。藩は垣根の意、高島はこれを次のように解いた。泥棒は恐らく、宝の山に目がくらみ、やみくもに盗みだしたが、勲章と大礼服の処置に弱った。質に入れれば足がつく。自分で用いることもできない。進退ままならずとは、これをいう。そこで厄介物を近くの垣根に隠したに違いない、と。

早速探したところ、隣邸の垣の間から見つかった。高島これを聞いて、「余モ亦《また》自《みずか》ラ易ノ微妙ナルヲ感ジタリ」。

高官、喜んで一首詠み、高島に示した。いわく、「易術の講釈つねに面白し　声は高島こころ嘉右衛門」。

実業家

「易聖」「易神」とうたわれ、易占で日本一と称えられた高島嘉右衛門は、いわゆる易者ではない。易者は、易占いをなりわいとする者である。嘉右衛門は一銭の金ももらわなかった。もらう必要がない。本業は、実業家であった。

横浜沖を埋め立てて町を造ったり（現在の横浜市西区高島）、わが国で初めてガス灯を建設、ホテルや学校を経営、横浜・函館間に定期航路を開く。いったん実業界から引退し、易の研究に没頭したが、後年、渋沢栄一に誘われ北海道炭礦鉄道（北炭）の設立に参加、二代目社長になった。失業対策に開墾を奨励し、農場を開いた。札幌の旅館に宿泊中、危難ありの易占いが出た。あわてて退居、その夜、札幌に大火があり、旅館も全焼した。明治二十五年五月四日のことである。

北炭の社長を引き受ける際も、易で占った。心配なし、功名を成すと出た。嘉右衛門の就任が伝わると、北炭株が暴騰した。株は高島、早く嘉右衛門と騒がれた。

嘉右衛門は独学で易を学んだ。どこで勉強したかというと、牢獄《ろうごく》である。発端は一冊の本だった。

暗誦

高島嘉右衛門は、材木商を兼ねた建築請負業の家の長男である。父は常陸国（茨城県）の庄屋の出だが、若くして江戸に出奔、大名屋敷の建築を手広く扱う店に奉公し、働きぶりを主人に認められ、のれん分けで開業した。東北の南部藩と、九州の佐賀藩の御用商人になった。東北大飢饉《ききん》の際、佐賀の米を南部藩に無料で回して感謝され、士分に取り立てられた。

この父は学問好きで、嘉右衛門が幼少の折、『経典余師《けいてんよし》』を用いて、みずから『論語』など四書五経を教えた。『経典余師』は当時、独学者用に編集された、四書五経のわかりやすい註釈書である。二宮尊徳が少年時代、薪を背負って歩きながら読んでいたのが、この本の『大学』である。江戸期の古書で、現在も最も古書価が安い。江戸時代の大ベストセラーだから、ありふれた本なのだ。嘉右衛門は父の教えに従い、暗誦《あんしょう》した。彼は、幼時から記憶力に優れていた。『易経』もひと通り読んだ。少年に至って考えた。命には限りがある。書物には限りがない。ならば、聖賢の書のみを読もう、と。

鉱山

高島嘉右衛門は十代で父の建築請負業を手伝った。南部藩に多額の売掛金があった。父と奥州盛岡に取り立てに出かけた。そこで領内の鉱山開発を勧められた。資本金は藩が出す、利益金で借金を帳消しにする、という案である。

嘉右衛門が調査すると、採算がとれそうである。そこで江戸の店は姉の夫に任せ、父子は鉱山経営に熱中した。十八歳で八百人余の荒くれ男どもを差配した、というから、嘉右衛門という男は並でない。お尋ね者もいた。喧嘩は日常事である。この時の体験が、牢に入った際に生きた。

父が病死し、嘉右衛門は鉱山を手放し、江戸に戻った。義兄に託した店は火の車だった。莫大な借金をどうするか。嘉右衛門は債権者を回って返済を延ばしてもらった。あげく、出世払いとした。不服を言う者が無かったというから、よほど信頼されていたらしい。

ある日、易占いをした。恐らく、鉱山経営の頃から占っていたはずである。仕事の性質上、神慮をうかがうだろう。江戸大火、と出た。ただちに材木を買い占めた。

安政地震

桜だよりを聞く頃、寒のぶり返しがある。「冴返《さえかえ》る頃を御厭《おいと》ひなさるべし」夏目漱石の句である。

漱石は易に興味があったらしい。いくつか易の句を詠んでいる。「筮竹《ぜいちく》に梅ちりかゝる社頭哉《かな》」神社の境内で客を占っている図だろう。梅とあらば天神様であろうか。こんな句もある。「木瓜《ぼけ》咲くや筮竹の音算木《さんぎ》の音」こちらは易者の家であろう。「高島易断」で知られる高島嘉右衛門は、易者ではない。建築請負業者である。独学で『易経』を学んだ。占うと、火の卦《け》が出た。高島は江戸大火を予想し、材木を買い占めた。

三日後、江戸は大地震に襲われた。いわゆる安政大地震である。高島が出入りしていた佐賀藩邸も焼け落ちた。大名屋敷は大所帯だから、再建は急を要する。高島は確保した材木を使って、工事に着手し、ひと月で完成させた。木材の代金は原価で請求した。

これがよかった。値上がり後の金額だったら、高島は暴利をむさぼったかどで幕府のお咎めを受けたろう。それより佐賀藩に恩を売った方が得である。

自首

嘉右衛門は佐賀藩邸の建築工事で結局もうけた。もう一方のお得意の南部藩からも、再建を頼まれた。安政大地震の翌年である。この時も易占いをしたはずである。江戸大火のように、ピタリと当たらなかった。八月、江戸は大暴風雨に見舞われ、洪水も起こった。せっかく集めた木材は全部流失し、高島は莫大な借金を負う。一夜にしてお大尽《だいじん》になった彼は、一夜でスッテンテンになる。

同情した佐賀藩が、手をのべてくれた。藩の特産品、伊万里焼の専門店を、横浜に出店させてくれたのである。横浜を選んだのは、外国人に売るためであった。

安政六年、幕府は神奈川・長崎・箱館を開港し、英米仏露オランダ五カ国との自由貿易を許可した。高島は開港当日に、開店した。

外国人と取引するうち、金と銀の国際相場の違いに気がついた。しかし金を外国に売るのは禁じられている。高島は密売した。かなり大がかりに行ったようである。佐賀藩と組んだのかもしれない。

事は露顕した。高島は自首し、罪を一手に引き受けた。

席間

嘉右衛門は小伝馬町《こでんまちょう》の牢に送られた。新入りだが、同房の囚人仲間にいじめられずにすんだ。鼻薬《はなぐすり》をきかせたのである。佐賀藩が裏から手をまわしたのだろう。

程なく高島は、囚人たちの兄貴分にのしあがる。鉱山監督の経験が、ここで生きた。獄内にも序列がある。一番偉い（？）囚人が「牢名主《ろうなぬし》」で、畳を十枚ほど重ねた上に座ってにらみをきかせている。囚人は三、四十人、彼らは、一枚の畳に八人から九人で座る。名主の他に「隅の隠居」や「穴の隠居」と呼ばれる者がいて、彼らは一畳に二人で座っている。金でこの地位を買ったのである。高島が名主の世話役になれたのも、差し入れに忍ばせてある金のご威光による。

名主の座席を掃除していたら、畳の間から一冊の本が出てきた。具体的にどこにあったのか、よくわからない。「偶《たまたま》易経ノ坤本《こんほん》一冊ヲ席間《せきかん》ニ得タリ」と高島は記している。

『易経』の坤本とは、乾坤《けんこん》（上下）二冊揃いの下巻ということである。「囚徒ノ遺《のこ》セルモノナラン」と推測した。高島は喜んで易の勉強を始めた。

牢死病

牢での読書や本の差し入れは禁じられている。しかし嘉右衛門は『易経』を読んだというのだから、何らかの工作をしたのだろう。欠けている上巻も、ひそかに取り寄せたようだし、佐賀藩が牢役人に裏から手を回したのに違いない。高島は『易経』をくり返し熟読し、全文を暗記した。こよりを五十本作って筮竹にし、木片を六個集めて算木に見立て、自分の将来を占った。この頃、頭髪が抜け、めっきりやせていた。体が常に熱っぽい。牢死病の症状である。

囚人は原因不明の病気にかかり、死ぬ者が多かった。牢死病と恐れられた。伝染するのである。

占いの卦《け》は、十年我慢すれば自由の身になる、という意味が出た。高島は易を信じ、希望を得た。

やがて小伝馬町の牢から、浅草溜《ため》と呼ばれる病人用の牢に移された。寝たきりの囚人だけではない。金持ちの囚人はワイロを贈って、溜預けにしてもらったという。ここでは養生の名目で湯茶が自由に飲めた。高島は重罪人が七十人ほどいる一番牢の副名主を命じられた。程なく大事件が起こった。

千両箱

岩手県遠野地方に伝わる昔話を集めた『聴耳草紙《ききみみぞうし》』（佐々木喜善著）に、こんな話が収めてある。

殿様の金蔵から千両箱が十個盗まれた。犯人は捕まらぬ。領内で評判の「八卦置《はっけお》き」が呼ばれた。召し連れた行列が途中で休憩する。行列の頭領が八卦置きにひそかに持ちかけた。お前は優秀な占い師だというから、内密の相談がある。実は千両箱の隠し場所を知っている。お前とおれが一箱ずつ分け、残りは殿様に返したい。お前が八卦で当てたように言いつくろってほしい。もしも不承知なら、仕方ない、この場でお前の命をいただく。どうだ、と迫る。言う通りにする、隠し場所を教えよ、と答えた。

八卦置きは殿様に告げた。ただし、二箱は人手に渡り八箱しか無い、と言った。探すと確かに八箱だけあった（二箱はすでに頭領と彼が引き上げた）。殿様は早くお前に占ってもらえばよかった、と悔やんだ。一箱を礼にやった。

入牢中の高島嘉右衛門は、ある日、脱獄を持ちかけられたのである。重罪の四人が計画を打ち明けた。断れば当然、四人に殺される。

誘う

『聴耳草紙』の占い師は、本職ではない。大層やきもち焼きの男である。外から帰ると、おい、知ってるぞ、誰々が来たな、と妻に言うのが癖であった。それがよく当たるので妻もあきれて、知人に笑い話として語る。うわさが変化して、稀代の占い名人だと殿様の耳に達した、というわけである。

高島嘉右衛門が牢仲間から脱獄計画を持ちかけられたのには、それなりの理由があるに違いない。そうでなければ、かくも重大な秘密を打ち明けられるわけがない。

一つは、高島の占いが信用されていたことではあるまいか。脱獄を願った四人組の誰かが、それとなく高島に計画の成否をこっそり占ってもらったのではないか。どのような卦が出たのか不明だが、その者は高島が自分の計画を感づいたと見た。高島が易占いの名人と買いかぶっていたからである。

高島にとっては迷惑な思い違いであった。彼らは当然、高島は計画を察知しているものと考え、安心して打ち明け、仲間になれと誘ったのである。

袖の下

脱獄の仲間に誘われた嘉右衛門は、自分も一度考えたことがある、と嘘をついた。しかしどう知恵を絞っても成功する見込みが立たず断念した、あなたたちもよした方がよい、と説得した。四人組は今更やめぬ、どの道おれらは死刑の身だ、と凄《すご》んだ。今の話は聞かなかったことにする、と高島は四人組をにらんだ。弱気になると、つけこまれる。必死だった。四人組が視線をそらした。

さてそれから彼らは破牢《はろう》の準備を始めた。高島は見ぬ振りをする。手口は、こうだった。浅草溜では病人に湯が与えられる。湯を入れた桶《おけ》が差し入れられる。四人は牢《ろう》番《ばん》に金をやって、この桶に酒や肴を忍ばせさせた。違法だが、どこの世界も金が物を言う。

四人組の一人がヒゲを当たるから、と袖の下を使って鋏《はさみ》を要求した。刃物の差し入れは、見つかると獄門である。牢番がたじろぐと、酒と肴を届けてくれたではないか、役人に告げるぞ、とおどした。

牢番がしぶしぶ鋏を与えると、仲間がおれにもくれ、とせがんだ。断れない。つけこまれたのである。

脱獄

牢番に差し入れさせた鋏を、四人組はばらして、あらかじめ入手した瓦《かわら》のかけらで刃先を研《と》いだ。湯桶をこわして細長く削り、これに刃を取りつけ、かねて用意の麻なわを巻きつけた。なわの上から飯粒をつぶして塗る。頑丈な手槍《やり》が完成した。二挺《ちょう》の鋏で四本の手槍ができたことになる。四人組はこれを牢名主の座る畳の間に隠した。むろん牢内の囚人たちには、脱獄計画を打ち明けている。もらす者は、いない。

四人組は湯桶のタガも利用した。水に浸して伸ばし、二本を合わせて長い竿《さお》に仕立て、先端に前もって用意したガラス片を取りつけた。ガラスの片面に黒い紙が貼ってある。鏡の役割を果たす。この竿で牢の外側の様子をうかがおうという魂胆である。

周到な計画だったが、実際は失敗に終わった。手槍で牢番や役人を殺害したけれど、肝心の鍵が開かなかった。四人組はやけになり、名主を殺し高島を狙った。牢内は灯火が消え、暗い。囚人たちは互いに殺しあった。高島は名主の座の、重ねた畳によじ登った。すでに傷を負っている。

称讃

日頃、牢名主が陣どっている場所は、見張り畳といい、畳を十枚ほど重ねてある。嘉右衛門はこの畳の山にのぼった。名主はすでに引きずりおろされ、殺されている。見張り畳の天井から、大きな笊《ざる》が下がっている。名主が着替えや金や差し入れの品などを収納する。また四人の預かり物を管理する器である。高島はこの笊に入って身を隠した。牢内は暗く、四人たちは殺しあいに夢中で、誰も気づかない。

程なく暴動は治まった。主謀者四人が自殺したのである。凄惨《せいさん》な現場であった。

一人残らず重い傷を負っている。高島も例外ではない。しかし、役人たちは、笊に逃れた高島こそ脱獄を煽動《せんどう》した張本人、と疑った。四人が高島にひそかに相談したことを知っていた。高島は抗弁した。役人は信じない。四人は死んでいる。何とでも言いぬけられる、とみた。高島の主張がようやく認められたのは、背中や後ろ肩の傷の多さである。自分で傷つけられない。しかもどれも深手である。

ケガの功名で高島はむしろ暴動鎮圧に体を張った、と称えられた。

寄場

騒乱の中にあって落ち着いた行動をした嘉右衛門は、牢屋奉行からおほめの言葉をたまわった。その言葉が高島のあだ名になった。「沈着の親方」である。やがて彼は減刑され、大川の河口、石川島と佃島近くの埋め立て地にある人足寄場《にんそくよせば》に送られた。

ここは無宿人や無頼《ぶらい》の徒を、自立更正させるための職業訓練場所である。犯罪者の収容所ではない。池波正太郎の『鬼平犯科帳』の主人公、火付盗賊改《あらためかた》方の長谷川平蔵が、松平定信に建議して設立した。敷地は約一万六千坪で、およそ四千坪が寄場の施設。残りは空き地である。空き地は上げ潮になると水に浸って沼と化した。

八室ある長屋が住居である。一室が四十人の雑居生活で、牢屋そっくりの部屋の造りだが、牢と違って自由に煙草《たばこ》も吸えるし（煙草代も支給される）、煮炊きもできる。炉が切ってあり、冬は薪で暖も取れた。正月は雑煮が出るし、弥生や端午の節句には赤飯が出た。八月十五日と九月十三日の月見には団子汁がふるまわれた。月に三回休日があった。ただし逃亡すると、遠島刑である。

工房

山本周五郎の名作『さぶ』に、人足寄場が出てくる。さぶの奉公仲間が無実の罪をきせられて送られる。寄場で出会う世話役や役人。

嘉右衛門は、この世話役を命じられた。着物の柄が違う。柄で寄場にいる年数がわかる仕組みだった。新入りは、柿色に白い水玉模様が染め出された衣を着る。二年目に入ると、この水玉の数が少ない柄となる。三年目は水玉の無い着物で、世話役は初年度からこの無地の衣を与えられる。

すなわち寄場は、原則三年が寄留期限であった。事情により留年を認めたが、それでも七年が限度である。勤労意欲を身につけ、稼ぐ技術を習得し、社会に出てまじめに生活することを願ったシステムなのである。朝は八時頃起床し、食事をすませると、別棟の工房に出かけた。そこで米つきやタドン作り、油搾り、大工や建具仕事などをした。労費は月に三度、十日ごと支給された。製品売却代の二割が道具代として引かれ、残りの三分の一は強制的に貯金させられ、三分の二が払われた。貯金は社会復帰の元手である。

泥土に縁

人足寄場の仕事は日暮れまでだが、場合によっては残業も可能だった。手わざを持たぬ者は、肉体労働をする。土木や普請《ふしん》など戸外の労務もあったが、無罪の者に限られた。大抵は米つきか、油搾りである。どちらも、重労働だった。

寄場は男だけでない。女もいる。女部屋があり、女の作業場があった。仕事の内容は不明だが、タドン作りや裁縫、洗い張りなどでないか。

世話役を任された高島嘉右衛門の二番部屋に、西村三平という者がいた。米つき作業をしている。横浜の商人とのことだが、商人らしからぬ。高島は武士と見た。少なくとも、武家の出だろう、と推測した。身ごなしに、品格がある。

ある日の休日に高島が易占いをしていると、西村がひとつ自分のゆくすえを判断してもらえまいか、と頼んだ。西村は高島のうわさを耳にしている。高島は承知した。

次のような卦が出た。泥土に縁がある。昔のわざわいが外部に残っている。病気の心配あり。しかし慎めば大事に至らぬ。この占いは、のちに適中する。

平太郎

嘉右衛門がにらんだ通り、西村三平は武士であった。武士を捨てて商人になった男である。父は下野国《しもつけ》（栃木県）佐野藩の付家老《つけがろう》である。同時に下総国《しもうさ》（千葉県）佐倉藩（十一万石）のお側用人《そばようにん》でもあった。どういうことかというと、佐野藩一万六千石は佐倉藩の支藩であって、付家老は本家が分家の監督役に送り込むのである。

西村家の長男は平太郎《へいたろう》といい、抜群の秀才で、十八歳で佐倉藩主・堀田正睦《ほったまさよし》の近習《きんじゅ》に取りたてられた。殿さまのおそばに仕える。堀田は「蘭癖大名《らんぺき》」と呼ばれたほど、西洋の文化や事物を愛した大名で、のち幕府の老中となり、アメリカ総領事ハリスと通商条約の交渉に当たる。平太郎は父の死後、佐倉藩付家老となり、明治元年に佐倉藩の家老に昇格、翌年、大参事にとりたてられた。明治六年、森有礼《ありのり》、福沢諭吉、西《にし》周《あまね》、加藤弘之らと、わが国最初の学術団体「明六社《めいろくしゃ》」を組織し、『明六雑誌』を発刊して、欧米の文化や知識を紹介した。日本弘道会を起こし、国民道徳の普及に努めた。平太郎と八歳違いの弟が、三平である。

風呂敷

西村三平の兄・平太郎は、二十三歳で藩主に『海防私論』を上呈し、佐久間象山《しょうざん》の門下生となり兵学を学んだ。兄の誘いで三平も象山の大砲術を実見、西洋兵学にあこがれた。海軍伝習所の試験を、三つ年下の弟と共に受ける。

勝海舟や榎本武揚、のちに日本赤十字社を創立する佐野常民《つねたみ》らが学んだ、幕府の海軍士官養成所で長崎にあった。ところが弟は合格し、三平は落ちた。三平は脱藩した。長崎に向かった。かの地に行けば何とかなる、と考えたのである。

中仙道《なかせんどう》で大宮に来た時、病気になった。行田《ぎょうだ》の叔父を頼った。叔父は俳句が趣味で、句会を催していた。賞品に、変わった品を出したい、妙案はないか、と問われ、それなら優秀な句を染めだした風呂敷はどうか、と提言した。西洋兵学で化学の初歩を教えられていた。硝酸《しょうさん》を作り、水と砥石《といし》の粉を混ぜる。これで藍《あい》色の布地に俳句を書き、火にかざして乾かし、水で洗えば、文字だけ白く抜ける。

この洒落《しゃれ》た賞品を得て喜んだのが、茶釜など鋳物を扱う豪商の番頭で、彼は主人に現物を披露した。

運上所

豪商の名を、正田利右衛門という。正田は西村三平の化学知識を見込んで、鉛の製錬を依頼した。三平は正直に、自分はしろうとであると告げた。すると正田が、それなら勉強して自分の事業を助けてほしい。学資は出す、と言う。

三平は承諾した。江戸に出て学んだ。そして金属を製錬する反射炉を築いたが、耐火煉瓦《れんが》の製法に失敗した。そのうち世はめまぐるしく変わり、彦根藩主が大老となり、その大老が白昼、水戸や薩摩の浪士に暗殺される。彦根藩江戸屋敷は、非常時体制を取った。

正田は彦根藩の御用商人であった。戦争に備えて小銃を献納した。正田に頼まれて小銃の買い付けをしたのが三平である。銃器商人との交渉で、三平は横浜と江戸を往《い》き来した。武士をやめ商人になろう、と決めたのは、この頃らしい。

正田の紹介で、貿易商の岡田平蔵を訪ねた。岡田は横浜運上所（税関）の目きき役を務めていた。輸出入品の鑑定や評価をする役目である。岡田に気にいられた三平は、彼の書記役になった。目きき役の、いわば見習いである。

巨利

西村三平が横浜運上所に勤めたのは、二十六歳の時である。まもなく運上所倉庫の火災があった。オランダ人が保管していた小銃が焼けた。焼け残った品を買ってくれる人を紹介してくれないか、と頼まれた。西村の主人の岡田平蔵は出張中である。取引は急を要する。西村は岡田と懇意の商人にわけを話した。するとその人が、まとまった金を用立ててくれた。西村はオランダ人から使える銃を安く買い、銃を求めに横浜に来た日本人に転売した。右から左に品物を動かしただけで、巨利を得た。

これに味を占めた西村は、いろいろな物品に手を出した。一番もうかる物は幕府が禁じている品である。たとえば、顔料の朱である。中国から幕府が輸入し、専売している。西村はこれを扱った。密貿易である。小伝馬町の牢に入れられた。結局は人足寄場に送られるのだが、重い処分を科せられなかったのは、兄の佐野藩付家老の口ききと、彦根藩御用商人、正田利右衛門の「鼻ぐすり」の効き目だろう。

寄場で西村は、占い師の高島嘉右衛門と知りあうのである。

周三

嘉右衛門が世話役をしている人足寄場の二番部屋に、無口だが、ただ者でない風貌の若者がいた。武士のようだが、武士の身ごなしではない。さればといって、町人らしくもない。学者であろうか、と高島は推測した。ある日、この若者が異国語らしき言葉を、ごく自然につぶやいたのを耳にした。高島が声をかけると、学者ではありません、とはにかんだ。

色白の好青年である。背丈はあるが、力仕事は苦手なようなので、高島は世話役の裁量で若者を飯炊きに回した。二番部屋の人数（四十人）分の飯を、大釜で炊く。

ところが彼は要領を教えたのにもかかわらず、黒焦げにしてしまった。しかも、二度失敗した。役人が怒って、笞《むち》打ちの刑を科そうとした。高島がとりなして事なきを得たが、若者は平気なもので笑いながら、こんな狂歌を詠んだ。

「慣れぬとて立ち舞うことのもどかしさ吾《われ》しずが女《め》に劣りける哉《かな》」

若者の名を、三瀬周三《みせしゅうぞう》という。後世、「寄場三傑」と呼ばれた三人の一人である。西村三平、高島（名は清三郎）それに周三、皆三がつく。

医術

人足寄場は寄場奉行が差配し、元締役が三人おり、三十二人の寄場同心が、警備の他に油搾りや米つきなど、作業ごとの掛《かか》りをしていた。畑掛りという役もある。菜種などの油搾り掛りは、八人も配置されている。寄場で最も重要な作業場であった。

同心の他に、町奉行所の与力が一人、出張しており、更に医師が二人いた。当然、病人もケガ人も出るから、独立の病棟がある。山本周五郎の名作『さぶ』は、人足寄場が舞台だが、「病人置場」と記され、南蛮流（ポルトガル・スペイン）とオランダ流の医学に通じた外科医が登場する。

嘉右衛門が、ただ者でない、と見た若者は、その通りで、三瀬周三は医術に造詣の深い男であった。それもひと通りの経歴ではない。ドイツの医学者で、オランダ商館の医員として幕末に来日したシーボルトの、最後の門人である。オランダ語、英語の習得は目ざましく、シーボルトは自分のむすこの日本語教師にした。周三の叔父が二宮《にのみや》敬作《けいさく》で、二宮はシーボルトの最古の弟子の一人だった。

富士山

「富士には月見草がよく似合ふ」は、太宰治の名作『富嶽百景』の一節だが、この文句の前段は、「三七七八米《メートル》の富士の山と、立派に相対峙し、みぢんもゆるがず（略）けなげにすつくと立つて」いるのが良い、とある。

太宰治と富士山は作品に限らず、大いに縁がある。太宰夫人の父は、富士山地質研究の第一人者、石原初太郎《いしはらはつたろう》なのである。石原については、太宰の次女の津島佑子が『火の山─山猿記』という小説に書いている。『富嶽百景』には、広重や文晁《ぶんちょう》の描く富士の頂の角度が出てくるが、太宰は義父の著書を参考にしたらしい。

ところで富士山の高さを、西洋の方法で計測したのは、シーボルトの一番古い弟子の二宮敬作であった。シーボルトが帰国する際、荷物の中から国禁の日本地図が発見された。これにより多くの洋学者が処罰された。いわゆるシーボルト事件である。二宮も親友の高良斎《こうりょうさい》と共に獄につながれた。二宮の容疑は、シーボルトに頼まれ富士頂上の寒暖や気圧を実測したことである。高さは三七九四・五米であった。

オタクサ

「時折《ときおり》は仰ぎてもみよ富士の山心にかかる雲を払ひて」峡陽学人《きょうようがくじん》

富士山の地質研究家・石原初太郎の号である。昭和十三年初秋、太宰治は井伏鱒二《いぶせますじ》に誘われて、甲府市の石原宅を訪ねた。見合いである。座敷に山田応水撮影の、大きな富士の写真額が飾られてあった。井伏が仰ぎ見て嘆声をもらした。釣られて太宰も仰いだ。首を戻す瞬間に、初めて見合いの相手をちらりと見た。決めた。かくて初太郎は太宰の岳父《がくふ》となった。

石原宅のま向かいに、山梨県庁に勤めている今井徹郎宅があった。今井は退官後、著述業についた。冒頭の歌は石原から贈られたもの。今井の著作に『植物歳時記』がある。植物と文人の関係を記したユニークな書で、太宰と月見草の章もある。木瓜《ぼけ》と漱石、石蕗《つわぶき》と子規などがあって、アジサイにシーボルトが登場するかと読んでみたが、文人でないせいか全く現れぬ。

しかし、アジサイに「オタクサ」という学名をつけたのはシーボルトであって、これは愛人のお滝の名である。おタキさん、だ。お滝との間に女児が生まれた。

おいね

帰国の荷物に、禁制品の日本地図を忍ばせていたため、国外追放処分を受けたシーボルトは、信頼していた弟子の二宮敬作と高良斎に、愛人のお滝と女児の身を託した。三歳の女児の名を、おいねという。シーボルトは養育費用に薬を渡し、二人に治療道具と薬味タンスを進呈した。二人は自分の命にかえて母子を守る、と泣いて誓った。

シーボルトが乗った汽船が港口を出る時、ひそかに漁船が近づいた。舟には二宮と高が母子を隠し乗せていた。シーボルトが気づいて漁船に乗り移り、最後の別れを交わした。役人に見つかれば、二宮と高は厳罰を免れぬ。命がけの行動であった。二人は漁師に扮《ふん》していたのである。

おいねは病気がちの子であった。しかし本が大好きで、父が残したオランダ語の本を読むため、語学を学びだした。その熱中ぶりは、並ではない。健康を損ねるからと母は読書を禁じた。おいねは反発し、何度も家出した。父の門人たちの元に駆け込むのである。十九歳の時、母の許しを得て、伊予（愛媛）の二宮敬作宅に身を寄せた。

なせばなる

二宮敬作は恩師シーボルトの娘おいねに、外科を手ほどきした。数年後、長崎の母の元に帰るおいねに、二宮は手製の硯《すずり》を贈った。硯の裏に励ましの歌を刻んだ。

「なせば成る　成さねばならぬ何事も　成らぬというは成さざればなり」

おいねは何としても勉強したかった。しきりに母に遊学を願った。ついに母も折れた。「学が成ったら帰ってこい。成らなかったら帰るな」。二宮の歌を踏まえて戒めた。おいねは父の門人、岡山の石井宗謙《そうけん》を頼った。石井はおいねにオランダ語で産科を教えた。この人は非常に学問好きで、学問は重ねるにつれ興趣が湧く、と言った。

やがて二人は師弟関係から男女の仲になり、おいねは女児を産む。たか、という。たかは後年、二宮敬作の甥の三瀬周三に嫁《か》す。

三瀬は十一歳で両親を亡くしたため、二宮の世話になり医術を学んでいた。三瀬は温和な人柄で、頭がよい。二宮は村田蔵六《ぞうろく》に頼んで三瀬にオランダ語を授けてもらった。村田はのちの陸軍創立者、大村益次郎である。

高良斎

一八五九年、シーボルトが再来日した。愛人と娘のおいねを二宮敬作と高良斎に託し帰国したのは、ちょうど三十年前である。おいねは三十三歳になり、二宮は五十六歳、中風を患い右半身が不自由になっていた。甥の三瀬周三を連れて長崎に行き、師と再会した。シーボルトはおいねの成長を喜び、二宮に養育の労を感謝した。師弟が残念がったのは、その場に良斎がいなかったこと。彼は十三年前、四十八歳で亡くなっていた。

おいねを産科医の道へ進ませたのは、二宮と良斎である。何事も二人で相談し教育したのだった。

高は徳島の人である。眼科と植物学に通じ、シーボルトから絶大の信頼を得た。シーボルト事件に連座した時、獄中から師の無実を訴えた。嘘と思うなら我が首をはねよ、と叫んだ。気骨ある人で、盗賊に襲われた際、一刀の下に斬り倒した。

自分の著書に、師の説を引用した。役人が国禁を犯した者を称揚するなと咎めた。先生は罪人ではない。先生の功名を本書から削るなら、この本を削る、と拒絶した。

看護人

三瀬周三は頭がよく、英語やドイツ語をたちまち習得した。シーボルトは再来日の際、長男のアレクサンダーを伴っていた。十三歳の長男の日本語教師に、三瀬を採用した。シーボルトが江戸に行く時は、従者にした。幕府側との交渉では、正式の通訳を命じた。

これが幕府の反感を買った。三瀬の身辺をひそかに探りだした。

すると三瀬は武士の身分でないのに、苗字《みょうじ》を名乗り両刀を帯びている。不届き者なり、と逮捕した。

表向きは「行方不明」とし、「人足寄場」に送ったのである。シーボルトは真相を知らない。大事な門人であるから保護願いたい、と重臣に嘆願書を差し出した。

三瀬は思いがけぬ不運に泣いた。「夢にだにかくと知りせば去年《こぞ》の冬刃《やいば》の霜と消ゆべかりしを」。斬り死にをするんだった、と悔いた。

寄場の世話役・高島嘉右衛門は、三瀬が医師であると知るや、役人に相談して、彼を「病人置場」掛りに回した。もう一人の「三の字」西村三平も、病囚の雑用掛りにした。西村も三瀬と気が合う。二人は仲よく看護に当たった。

釈放

「寄場三傑」のうち、まず三瀬周三が最初に釈放された。病因の看護ぶりと、獄内の衛生改良に関する意見を、奉行が高く評価したのである。故郷の伊予大洲《おおず》に帰り、実家でしばらく休養した。寄場での生活は、二年に及んだ。

次に西村三平が放免された。三瀬が許された翌年である。西村は重い脚気《かっけ》をわずらい動けなくなった。彼の看護を受けた病囚たちが、役人に陳情した結果、特に許されたのである。

同じ年の秋に、高島嘉右衛門が釈放された。小伝馬町牢から数えると、六年間の獄中生活だった。

思いがけない突然の放免のきっかけは、例の『易経』である。

寄場奉行が交代した。新任の奉行が長屋や病室や仕事場を見回った。二番部屋の高島の持ち物を点検した。『易経』があった。

この奉行は、学問好き書物好きの人であったに違いない。高島が入牢をきっかけに易を学びだした、と話すと、大いに感心し、即日放免の手続きをとった。高島は自由の身になると横浜に向かった。三人の新時代が始まった。

靴

三瀬周三は明治に入って大阪で病院を経営、東京にも進出すべく計画中に、コレラにかかって亡くなった。明治十年、三十九歳。

西村三平は勝三《かつぞう》と改名し、維新戦争で武器商人として活躍、官軍に咎められ総督府に自首した。彼を調べたのが大村益次郎、三瀬の恩師である。

おそらく西村は三瀬との交誼《こうぎ》を語ったに違いない。大村は罪を許し、どころか官軍御用を命じた。

明治になり、陸海軍統率者となった大村は、西村に軍靴の納入を頼んだ。横浜運上所（税関）に勤務中、幕府がフランスから大量の軍靴を買いつけた。これが倉庫に塩漬けになっている。西村は一手に買い占め、軍に納めた。一万両余の利益を得た。ホクホク顔をしたのもつかの間、フランスの軍隊用の靴だから、サイズが日本人に合わない。返品を食った。

日本人の足に合う靴を作ろう、と発心した。兄の平太郎（この頃茂樹《しげき》と改名）から、佐倉藩士たちの働き口を頼まれている。明治三年、わが国初の洋式製靴工場を、東京築地に開設した。

高島嘉右衛門の易が適中した。まさに「泥土に縁がある」業だった。

失敗の歴史

わが国「製靴・製革の父」西村勝三は、他にもいろんな事業を起こした。靴をはくには靴下がいる。毛糸や綿糸で伸びちぢみするよう編んだメリヤス業や、洋服の縫製、羊毛を得るため緬羊《めんよう》の飼育も行った。ガラス工業も起こし、耐火レンガの製造にも苦労した。

「安全油」と名づけて石油を売ったり、水産会社も経営した。明治三年には高島嘉右衛門と組んで、横浜ガス局を設立。ガス灯普及に砕身《さいしん》した。数年後には、東京に進出、しかし一般家庭は火事を恐れて手を出さない。西村は開場寸前の新富座に売り込んだ。歌舞伎の照明をロウソクからガス灯に変えてもらう。むろん工事費はガス局持ちである。観客は「文明灯」の明るさに驚き、口コミで広まる。

西村の事業はいくつかを除き、大半が失敗だった。渋沢栄一の評では、彼は国益を重んじて私利を追求しなかったからである。

西村は自ら述べている。「私には失敗の歴史はあるが、成功の歴史はない」

その言葉を生かして最後に有益な社会事業を残した。

何か、というと、出版である。

一代限り

わが国には、近世工業史に関する図書が少ない、と西村勝三はつねづね感じていた。先人の苦闘の歴史を活字に残し、後世の起業家の参考にすべきである。それには成功の歴史より、むしろ失敗の実例を挙げ、なぜつまずいたかを検証した方が有益である。

明治三十八年十一月、西村は以上の趣意で、まず『日本近世造船史』と『日本近世窯業《ようぎょう》史』の二冊を企画し、出版費用を負担して、造船協会と窯業協会に編纂執筆を依頼した。窯業は、陶磁器やガラス・セメント・レンガなど窯を用いて製造する工業をいい、西村も関係した。造船は若い頃、海軍伝習所に入所しようとしたくらいだから、関心があったのだろう。

両書とも西村の生存中は完成せず、前者は明治四十四年に、後者は大正三年に出版された。これが最後の仕事となった。明治四十年死去。七十二歳である。

高島嘉右衛門は大正三年に、八十三歳で亡くなった。易占いで日露戦争は日本勝利と読んだ。易の弟子は取らず、高島易断の名称は嘉右衛門一代限りとした。

三銭三厘

道草を食いすぎた。両親と妹のゆくえを探しあぐねた末、出家した平《たいら》藩（福島県）の武士、天田五郎、法号愚庵の消息である。

愚庵は西国巡礼の旅にいた。明治二十六年九月二十日彼岸の日に、京都を発った。出家して七年目、ようやく肉親探しにあきらめがついた。されば菩提《ぼだい》を弔《とむら》うためと、世の人々の救済を願って、巡礼を思い立った。時に四十歳である。

勧進帳を知るべに回した。一人三銭三厘の喜捨《きしゃ》を乞うたのである。ハガキが一銭の時代だ。これより多くは受けない、これより少なくてもまた受けない、と記した。一千五百五十人から寄せられた。

東京の女性から、ま新しい白衣が送られた。巡礼で着古した衣と交換してほしい、という。その衣は自分の死装束《しにしょうぞく》にする、とあった。

背に負う笈《おい》（脚つきの箱）には、筆記具、地図、磁石、検温器、晴雨計《せいう》、雨合羽《あまがっぱ》、薬、紙、白布、着替え、人名録、日記、経巻三十三巻の他に、望遠鏡も入れた。重さが四貫（十五キロ）を超えた。

初日に二里歩いたが肩がはれ、閉口して荷を半分に減らした。

姉妹

愚庵は知友から寄せられた奉加金五十一円十五銭を持って、西国巡礼に出た。道順は、比叡山を越え近江を経て、お伊勢さまにお参りしたのち熊野に向かう。熊野三社に参詣したら、西国三十三番霊場を一番から番号順に歩く。

一カ所に一夜ずつおこもりして祈願する。札所の他にも、神社仏閣、名所旧蹟《きゅうせき》はなるべく立ち寄ることにする。みだりに車や駕籠《かご》や舟に乗らない。

五日目、鈴鹿山にかかった。昨日、四十キロ近く歩いたので、足の甲が腫《は》れている。田村神社に詣《もう》で、しばらく行くと、二人の女児が泣きながら歩いている。姉は十一か二で小荷物を背負っている。妹は八、九歳、雨よけのゴザを引きずっている。愚庵が呼びとめると、土山より関へ行くと言う。なぜ泣くのか。ぞうりが破れて足が痛いと答える。親はどうした、と問う。何も言わず、ただ泣く。愚庵はお金を与えた。二人ともついてきたが、そのうち見えなくなった。昼とはいえ、人の往来のない山中である。姉妹の行方が気がかりだが、愚庵は記していない。

間一髪

愚庵の西国巡礼は続いている。さまざまな見聞をした。

ある村では、松の枝に吊《つ》り下げられている娘を見た。村人たちが囲んでいる。愚庵が質問しても誰も答えない。娘も言わない。ただ助けてくれと目で拝む。愚庵が縄を解いてやると、あっという間に逃げてしまった。

ある村では刻み煙草を椿《つばき》の葉に巻いて吸っていた。昔からという。

泊まった寺に日記を忘れたのに気づかず歩いていたら、道が二つに分かれている。辺りに人はいない。新しそうな道に足跡が多い。たぶんこちらが近道と判断した。ところが行けば行くほど妙である。ようやく人と出会ったので聞くと、何と丸きり方向違いの道で、先ほどの追分《おいわけ》に戻らねばならない。引き返すと、日記を届けに追ってきた人とバッタリ。道に迷わねば日記を失っていた。人生、何が幸いするかわからない。

空がにわかに暗くなり、風が吹きだした。危険を感じ走りだす。往来の人々、「通《とおり》物《もの》だ」と叫ぶ。つむじ風が通って人家三、四軒巻き倒した。間、一髪で助かった。

案内料

愚庵の西国三十三所霊場巡礼は、九月彼岸の入りに始まって、十二月二十一日冬至の日に完遂《かんすい》した。九十三日間、およそ四百里（約千六百キロ）の旅である。事故もなく事件らしき事にもあわなかった。人間のいろんな面を見た。

和歌の浦で一人の老人が話しかけてきた。男波女波《おなみめなみ》といって、大波小波のことをさすが、和歌の浦は片男波で女波の無いのが名所である、と語る。それは初耳と言うと、古歌にも詠まれている。和歌の浦に潮みち来《く》ればかたをなみ葦辺をさして田鶴《たず》鳴きわたる、と朗詠した。片男波ではない、潟《かた》を無みである。

どこまでもついてくるので愚庵が断ると、案内料を切りだした。愚庵は苦笑しつつ払った。

巡礼の途中で必ず寄れ、と約束させられていた商家に挨拶に伺ったら、店先で追い払われてしまった。愚庵は何も言わず引き下がった。

巡礼に当たって寄せられた奉加金が、余った。愚庵は巡礼日記を活字化し、応援してくれた人たちに報告代わりに進呈した。陸羯南が序文を書き日本新聞社が本にした。

血写経

愚庵に出家を勧めた山岡鉄舟が亡くなった時、愚庵は親友の陸羯南に、これは誰も知らない師の真の姿である、是非「日本」新聞で報じてほしい、と鉄舟の臨終の様子を手紙に書いてきた。

死の数日前、身分が高く有名な人が見舞いに訪れた。あなたは国家になくてはならぬ有用な人物ですから、何とぞ養生し全快下さるように、と述べた。客が帰ったあとで鉄舟が、冗談まじりに一句詠んだ。「死んだとて損得もなし馬鹿野郎」

死の前夜、一時かなり苦しんだ。門下生たちが、先生お苦しくございますか、とあわてた。鉄舟が答えた。いやいや、誰だって一生に一度はこの位のことはあるものさ。そのあといつもの雑談口調で、一句できた、と披露した。「腹痛《はらいた》や苦しさ中《うち》に曙鴉《あけがらす》」。これは鉄舟の「末期《まつご》の一句なり」。

ところで「日本」新聞に連載された愚庵伝『血写経《けっしゃきょう》』は、鉄舟の死に触れず、愚庵が出家する寸前で終わっている。『血写経』の筆者は、「台麓学人《たいろくがくじん》」と号する。この人、饗庭篁村《あえばこうそん》といい、幸田露伴の親友である。

篁村

「地震の為《た》めにと柱に筋鋼《すじがね》入れた此《こ》の普請《ふしん》今さら身代限りして出やうとは思はなんだ」

「時雨の舎《やど》り」という短篇の書き出しである。作者は、饗庭篁村。安政大地震で母を失い、竹村という人に育てられた。筆名は恩人に基づく。篁《たかむら》は竹林のこと。

洒落た文章と趣向で人気を得た。同じ江戸っ子の漱石が、愛読した作家である。幸田露伴の親友で、共に遊び飲み旅をした。木曾福島の宿で、太くて黒いソバが出た。篁村はソバ通で鳴らしている。これはいける、と五椀たいらげた。ところが露伴は七椀だった。

二人の住む東京の谷中や根岸には、岡倉天心《おかくらてんしん》や陸羯南らがいた。彼らは隅田川の舟遊びや、料亭で酒宴を催した。篁村と陸は、古くからの知りあいだった。陸の仲人《なこうど》は、露伴の文才を認めて世に出した依田学海《よだがっかい》である。

してみれば、天田愚庵伝を書いた篁村の口から露伴は愚庵を知ったはずだが、露伴全集に同人の名は見当たらぬ。たぶん二人は会っていないのだろう。

解剖

「かぞふれば我も老いたり母そはの母の年より四年《よとせ》老いたり」

愚庵が戦争で両親妹と生き別れた時、母は四十六歳であった。明治三十六年、愚庵は五十歳になった。

「ちちのみの父に似たりと人がいひし我眉《まゆ》の毛も白く成りにき」

翌年の元日、愚庵は突然、高熱を発し呼吸困難になった。死期を察し、病状が落ち着くと身辺の整理を始めた。草庵《そうあん》を処分し、手元にある金品一切をすべて知友に分け与えた。そして遺言書を記した。

お金や米に不足なし、今日より何によらず贈り物は辞退する。見舞いの方は顔を見たらお引き取り下さい。これ第一の親切なり。葬式、墓は無用。学術に役立つなら解剖するも可。

解剖は愚庵の、日頃の願望だったのだろうか。明治三十七年当時は、きわめて新しい考えだろう。このあと乃木希典《のぎまれすけ》将軍が遺書に記し、それを読んで感銘を受けた夏目漱石が夫人に遺言し、漱石は尋常の死なのに東大で解剖されている。夫人が漱石の遺志を実行したのである。

天田愚庵は一月十七日逝去。

交際の法

昭和八年に出た『俳諧歳時記』新年の部に、天田愚庵の命日が「愚庵忌　鉄眼忌《てつげんき》」の名で季語に採られている。鉄眼は愚庵の法号である。命日は一月十七日。歳時記には例句が出ている。

「愚庵忌や遺跡の梅も咲きつらん」

「鉄鉢に梅の一枝や鉄眼忌」

どちらも愚哉《ぐさい》の句。号でおわかりのように作者は十代の時、愚庵の書生をしていた。弟子のような関係である。本名、折井太一郎。

愚庵の草庵には数本の梅があった。彼のエッセイ「草菴謾言《そうあんまんげん》」に、「吾《われ》むかしは花をもて、こよなきものと思ひしが」、のちには月の方がはるかにまさると思った。近頃は月より雲を好む。なお長生きしたら、どんなものに心を移すやら、とある。

愚庵は動物も愛した。暇をみては動物園に通った。木彫りの犬を愛し、こんな歌を詠んだ。「犬の子の物もえ云《い》はずいはずとも偽《いつわり》おほき人にまされり」

先のエッセイにこんな言葉がある。物事には程ということあり、「親《したし》みて近づかず離れてうとからぬこそ、人に交《まじわ》る道ならめ」。

勲章

『愚庵遺稿』を出版した陸羯南は、その二年前に、『子規言行録』を出している。正岡子規伝を編む良い材料になろう、と序文に記した。子規が病気で大学を退学し、俳句研究に打ちこみたい、と陸に相談した。陸は経営する日本新聞に入社させ、住まいを見つけてやった。自分の家の隣である。

子規の病が進み、激痛で泣き叫ぶ。裏口から陸が飛んできて、もだえる子規を、「アアよしよし、僕がいる僕がいる」と慰めながら体を撫《な》でさすった。

司馬遼太郎は、「慈父の如く」と描写している。子規はそのうち幼な子のようにおとなしくなるのだった。

日本新聞社の編集室には、二十三枚の「発行停止」令状が額装され飾られていた。政府を批判して、お目玉を食った証拠だが、陸はむしろ日本新聞の勲章と誇った。

しかし発行部数が一万を切り、経営が危なくなった。妙策は無い。幹部らを前に、陸が言い放った。「正義のためなら倒れても仕方ないじゃないか」。ついに身売りした。

明治四十年九月死去。五十一歳。愚庵の死より三年後である。

伴食議員

陸羯南の盟友たちのその後を紹介する。正岡子規の叔父、加藤恒忠（拓川と号する）は、司法省法学校を退学後、中江兆民《なかえちょうみん》の塾に入りフランス語を学んだ。子規を羯南に託し、フランスに留学する。法学校の同窓生、原敬（のちの総理）の周旋で外交官になる。ベルギー公使から、国会議員に。晩年につづった墓碑銘に、「伴食《ばんしょく》議員の名有《あ》り」と卑下している。伴食とは、主客のお供をしてごちそうになること。転じて職にふさわしい実力を持たぬことをいう。

最後に、故郷松山の市長に選ばれた。「また為《な》す所無し」自分をこう評している。「其《そ》の志気高すぎて才学足らず」

拓川の唯一の評伝を著した成沢栄寿氏によれば、松山市長時代、彼は在郷軍人会の補助金を拒否するなど、反軍国主義の人だったらしい。兆民の影響であろう。甥の子規が世話になったからと、夏目漱石の葬儀に参列した。律儀な人柄だった。拓川の三男が正岡家に養子に行き、あとを嗣《つ》いだ。大正十二年没。六十五歳。墓碑には、「拓川居士骨」と刻まれている。

はららかし

「赤穂浪士四十七士が復讐の一挙は日本武士道の花である」とは、明治四十二年十二月に出版された『元禄快挙録』の自序である。著者は陸羯南と司法省法学校の同窓にして、共に新聞「日本」を創刊した福本日南である。四十七士の吉良《きら》邸討ち入りは、元禄十五年十二月十四日、現在の暦に直すと一月三十日の夜。道理で雪が降り積もるわけである。これは全くの余談だが、『広辞苑』で赤穂義士をひくと、四十七人の名が全員出ている。日南は先の自序で、義士に関する本を集めたら、立派な図書館ができる程ある、と述べている。日南の著書も大いに読まれた。彼は他に、『黒田如水《じょすい》』『栗山大膳《だいぜん》』等、多くの史論を刊行している。

歌人としても、名を残した。父の親友の丸山作楽が、外国の地名入りの歌を詠んだが、日南は地名どころか外国語を自在に用いた。

「見よや足にローマンチスム蹴《く》えはららかしネオ、クラシック起《おこ》さで已《や》まめや」蹴えはららかしは、蹴ってバラバラにすること。大正十年死去。六十五歳。

紙碑

明治二十八年日清戦争が終わり、講和条約が結ばれた。ところが、ロシア、フランス、ドイツが横槍を入れてきた。いわゆる三国干渉事件で、わが国はこれに屈した。「日本」新聞で漢詩による時評をしていた国分青崖が、「王莽秦檜亦《おうもうしんかいまた》斬る可《べ》し」とやった。王莽は君位を奪った者の名、秦檜は奸臣《かんしん》の名である。

この一句に時の政府が激高し、発行署名人を逮捕した。

天田愚庵を陸羯南らに紹介した国分は、陸と「日本」を支えたが、「日本」の発行停止は国分の筆禍《ひっか》によることが多かった。たび重なるので、罰金を弁償すると言った。国分は常に笑みを絶やさぬ感じのよい人だった、と二十九歳で「日本」の記者になった長谷川如是閑が回想している。国分は明治大正昭和三代の漢詩人として名を残す。愚庵の肉親探しに、親身になって尽くした。昭和十九年没。八十八歳。

人は生き、人は死ぬ。

しかし彼らは書物の中で生きている。書物ある限り、人は死なぬ。もっとも電子書籍ではどうか。電子のそれは「紙碑」とはいわぬ。

あとがき

小学校六年生の春、新任の校長が校庭での朝礼で挨拶をした。自己紹介したのち、いきなり、玄関前の二宮尊徳像を示し、この像は誰であるか、と問うた。薪を背負い、本を読みながら歩いている、チョンマゲ少年の石像である。校長は斜め前に並んでいる先頭の私でなく、私の後ろのKを指さした。私は栄養失調で一番のチビだったので、その分、大きく見えるKが目についたのであろう。

Kが口ごもりながら、「タヌキです」と答えた。私たちは爆笑した。

「なに、タヌキ？　どうして？」校長が目を丸くし、ついで、とがらせた。

「あの、カチカチ山の、タヌキです」Kが言った。

「これはタヌキの像ではない。薪を背負っているが、タヌキが化けたのではない」

校長が語調を荒げて、二宮金次郎像である、と告げた。そして、いかなる少年であるか、その概略を語った。

昭和三十年のことである。正直言って私はこの時初めて二宮金次郎を知った。それまで小学校の玄関前に建つ石像（戦争前までは銅の像だったらしい。銃弾にするため供出され、石に代えられたのである）について、説明してくれる教師はいなかったし、私たちにも別段知ろうという気もなかった。戦後の教科書には、二宮尊徳のエピソードは全く載っていなかった。

校長がしきりに、ソントク先生は、と口にする。どういう字を当てるのかわからないから、損得と取って、ずいぶん下品な名の先生だな、と生意気にも眉を曇らせたものである。

古本屋になったある日、ふと、二宮像のことを思いだした。金次郎は何の本を読んでいたのだろう、と好奇心に駆られた。それで調べてみた。古本屋らしい興味である。二宮尊徳の本を、いろいろ読んだ。そして、『代表的日本人』で二宮をとりあげた内村鑑三が、児童向けに書いた尊徳伝の著者・幸田露伴に、いやに突っかかっていることに、どうしてなのだろう？　と素朴な疑問を抱いたのが、本書執筆の動機である。

書いているうちに、二宮尊徳の思想は、これは日本人特有の思想に違いなく、だから万人に受け入れられたのだろう、と思った。端的に言えば、農本主義である。

露伴文学の根本は、農業かもしれない。これは兄の郡司成忠の感化だろう。若き日の露伴が北海道の辺地に赴任したのは、半ばは自らの志願であって、二宮尊徳に自分を擬していたような気がする。

露伴だけではない。明治人の多くが尊徳にかぶれていたと思う。天田愚庵が次郎長一家と富士の裾野を開拓する精神にも、尊徳の影響を感じる。

面白いのは、愚庵と交遊した者の大半が、露伴に関係がある。正岡子規は露伴を尊敬し、小説家になるべく、書き上げた原稿を露伴に読んでもらった。残念ながら及第点をもらえず、子規は小説を断念したのだが、俳句、短歌の開拓者になった。露伴を通じて尊徳精神を吸収していったのである。

本書では、二宮尊徳という大池に溜められた水が、どの方面に流れ潤《うるお》していったかを、追跡してみた。

そうそう、本文では書きもらしてしまったが、例の金次郎像である。

この像の製作者は、鋳金家の岡崎雪声《おかざきせっせい》である。岡崎は安政元年、山城国伏見の生まれ。東京美術学校教授で、明治三十一年、岡倉天心の日本美術院創立に参加、創立に当たって自分の土地と工房を提供している。大型の鋳金を手がけ、「西郷南洲《なんしゅう》像」や「楠正成《くすのきまさしげ》像」を製作している。

二宮金次郎像のモデルは、露伴の著『二宮尊徳翁』（「少年文学」第七編・明治二十四年刊）の口絵、と何かで読んだが、確かめていない。雪声製作の二宮像は、明治天皇に献上され、天皇は座右に置いて楽しまれた、とこれも何かの本で読んだが、書名は失念した。

確かな証拠は、明治四十三年九月一日号の『実業之日本』に、雪声造像による二宮像の頒布広告が出ている。

これによれば、丈は一尺（三十三センチ）で、重量はおよそ一貫（三・七五キログラム）、売出し数は限定五百体、一体が三十五円である。

この金額は当時、大学卒の銀行員の初任給である。安いものでないことは間違いない。

雪声作の二宮像は、今でも残っているのだろうか。

出久根達郎

二〇一五年十一月十八日

＊本書は、二〇一五年に当社より刊行した『幕末明治　異能の日本人』を改題し、加筆修正のうえ文庫化したものです。

草思社文庫

幕末明治 鬼才列伝

2023年4月10日　第1刷発行

著　者　出久根達郎

発行者　碇 高明

発行所　株式会社 草思社

〒160-0022　東京都新宿区新宿1－10－1

電話　03(4580)7680(編集)

03(4580)7676(営業)

http://www.soshisha.com/

本文組版　浅妻健司

印刷所　中央精版印刷 株式会社

製本所　中央精版印刷 株式会社

本体表紙デザイン　間村俊一

ISBN978-4-7942-2652-5　Printed in Japan